Photo de couverture : Huile sur toile, J. B. Corot, Forêt de Fontainebleau,
1834 (détail).
National Gallery of Art, Washington
© Chester Dale Collection

Mise en page : Juliette Tixador.
Correction : Luc Lefort
Carte : Jean Bretonelle

Sur les pas des écrivains

Balade en SEINE & MARNE

Collection dirigée
par Marie-Noëlle Craissati

Déjà parus :
Balade en ESSONNE
Balade en OISE
Balade en VAL-d'OISE
Balade en VAL-de-MARNE
Balade dans l'AISNE
Balade en YVELINES

À paraître :
Balade dans les HAUTS-de-SEINE
Balade dans la SOMME
Balade en ARDENNES

Sur les pas des écrivains

Balade en SEINE & MARNE

Édition établie sous la direction de Dominique Camus

Éditions Alexandrines

Sommaire

Les vallées de la Marne, du Grand Morin et du Petit Morin

De la Seine aux rives du Loing par la forêt de Fontainebleau

Introduction

Arrosée par la Marne et la Seine, dont les bassins la divisent entre nord des Meldes et sud des Senons, la Seine-et-Marne représente aujourd'hui la moitié de 1'Île-de-France et son caractère à la fois parisien, parsemé de palais et de demeures historiques, et campagnard, pays de rivières, de vallées, de plaines aux horizons infinis et de forêts profondes, a séduit un grand nombre d'écrivains de toutes époques et de tous tempéraments.

Dans son *Histoire des écrivains de Seine-et-Marne,* Christian de Bartillat en dénombre plus de trois cents. C'est dire à quel point la sélection des auteurs de cette *Balade* s'est révélée difficile, notre choix s'étant délibérément tourné vers les plus représentatifs de chaque contrée et les plus évocateurs sur le plan littéraire, soit une vingtaine d'auteurs.

Nous n'avons pas retenu des écrivains qui nous paraissaient relever d'une dimension purement nationale. Balzac garde des liens intimes avec ce département par sa jeunesse et ses amours à Villeparisis et à Grez-sur-Loing avec Laure de Berny – la *Dilecta* –, et ses romans *Ursule Mirouet* et *Pierrette* ont pour cadre Nemours et Provins ; mais il fut avant tout l'écrivain de sa Touraine natale.

George Sand, qui se fiance sur le plateau briard avec le baron Dudevant, situe le roman *Indiana* dans la région de Rubelles, et elle vit sa célèbre histoire d'amour avec Musset dans les gorges de Flanchard, en forêt de Fontainebleau. Mais elle demeure néanmoins la bonne dame de Nohant. Si Courteline, alias Georges Moinaux, passe plusieurs années, « les pires de sa vie », au lycée de Meaux qui aujourd'hui porte son nom, il n'y laisse aucune œuvre. Quant à Pierre Véry, pensionnaire au petit séminaire de Meaux, il y fonde la société secrète des Chiche-Capon et caresse le grand rêve du début du siècle : partir pour l'Amérique. Ces années d'écoliers lui inspireront son immense best-seller *les Disparus de Saint-Agil,* porté admirablement à l'écran par Christian-Jaque, en 1938. Nous n'avons pas retenu non plus Victor Cherbuliez, qui a écrit à Combs-la-Ville, dans les dernières années de sa vie, *la Ferme du Choquard,* la seule œuvre briarde, toutefois moins connue que *le Comte Kostia.* Pas plus que Huysmans, auteur de *À rebours* et *En rade,* inspiré par le château de Lourps, où il ne s'est pas fixé.

D'autres écrivains ne nous ont pas paru appartenir au patrimoine du département.

Pour certains, la Seine-et-Marne sera un terrible rendez-vous du destin. Léon Bloy, qui passe quatre ans à Cochons-sur-Marne (Lagny), déteste cette ville et ses habitants : sa plume grinçante nous le révèle, dans son Journal. Charles Péguy et Ernest Psichari y vivent leurs ultimes

André Billy à sa table de travail.

instants : la Grande Guerre les « jeta à terre à la face de Dieu » – tués l'été 1914, à quinze jours d'intervalle.

Pour d'autres, étrangers, la Seine-et-Marne est liée à des souvenirs heureux. Robert-Louis Stevenson passe des instants magiques de sa jeunesse à Grez-sur-Loing, où il rencontre Fanny Osbourne, peintre, le grand amour de sa vie. Dans ce même village séjourne pendant plusieurs mois August Strindberg, venu y retrouver son grand ami le peintre suédois Carl Larson. Quant à la nouvelliste néo-zélandaise Katherine Mansfield, atteinte par la tuberculose, c'est avec une lueur d'espoir qu'elle vient vivre au prieuré des Basses-Loges, à Avon, où l'étonnant Gurdjieff, mage ou charlatan, a fondé en 1922 son Institut pour le développement harmonieux de l'homme. L'écrivain russe Ivan Tourgueniev vit plusieurs années au château de Courtavenel, près de Rozay-en-Brie, où il est l'hôte privilégié des Viardot. Patricia Highsmith, la reine américaine du polar, passe plus de dix ans à Montcourt-Fromonville, et son héros M. Ripley arpente souvent la région.

La ville royale et sa forêt, Barbizon, Bourron-Marlotte, Samois, Bois-le-Roi connaissent une intense vie artistique et littéraire entre 1850 et 1930.

Plusieurs auteurs du XIXe siècle comme les Goncourt, Taine, Maupassant, France, Flaubert, Proust, attirés par la magie et le mystère de la majestueuse forêt et le charme des villages situés à l'orée des bois, y conduisent les héros de leurs romans.

D'autres auteurs, comme les poètes Hégésippe Moreau et Médéric Charot, Suarnet ou encore les conteurs Jules Grenier et Georges Husson auraient pu figurer dans cet ouvrage. Mais leur souvenir a laissé peu de traces dans la mémoire collective. Notre choix a donc été principalement guidé par l'idée de faire une balade à travers les siècles en choisissant au fil du temps les plumes les plus évocatrices.

Partons sur les pas des écrivains pour qui la Seine-et-Marne a été à la fois un lieu de prédilection et un lieu d'inspiration littéraire. Certains de nos auteurs sont nés ici ou y passent leur enfance, tel Jacques Amyot, né à

Melun en 1513, qui connaît la gloire comme traducteur de Plutarque. Théophile Gautier, dont la mère est née à Mauperthuis, dans le sillage de la famille Montesquiou, y écrit ses premières poésies, et son premier roman, *Mademoiselle de Maupin,* se déroule dans les alentours, au domaine des Coteaux.

D'autres occupent, dès le Moyen Âge, des fonctions importantes dans le département. Thibault de Champagne, comte et trouvère, tient ses assemblées dans son palais de Provins devant une cour brillante. Avec ses amis poètes, il excelle dans l'art de bien dire aux dames et lance les jeux-partis, sortes de joutes oratoires très prisées au XIIIe siècle. Alain Peyrefitte, député-maire de Provins pendant trente ans, a dit : « Dans ma vie politique, c'est l'action de terrain menée dans cette ville qui m'a apporté le plus de satisfactions. » Bossuet, l'Aigle de Meaux, évoquera dans les rapides descriptions poétiques de Germigny-l'Évêque sa maison des champs, où il se repose, écrit et reçoit ses amis en toute simplicité.

Plusieurs auteurs de théâtre viennent en villégiature en Seine-et-Marne. Deux d'entre eux, grâce au succès de leurs pièces, acquièrent la maison correspondant à leur style de vie : Eugène Scribe achète le château de Séricourt, où le Tout-Paris du spectacle est convié à des réceptions fastueuses, tandis que Samuel Beckett, qui chérit la solitude, se fait construire à Ussy-sur-Marne une « petite maison » isolée d'où il a une vue imprenable.

C'est en 1920, que le Montmartrois Pierre Mac Orlan jette l'ancre à Saint-Cyr-sur-Morin, où il s'installe dans une maison qui, dit-il, « est tellement ajustée à mon corps qu'elle me complète comme un vêtement de chasse ou de golf ». Non loin, à Villiers-sur-Morin, habite

Laure de Berny, «La Dilecta», premier amour de Balzac. Celui-ci fera de nombreux séjours dans sa propriété La Bouleaunière à Grez-sur-Loing.

Vercors qui, en 1941, y écrit *le Silence de la mer*[1], et le film de Jean-Pierre Melville sera tourné sur place. De son côté, Armand Lanoux fut longtemps l'écrivain de Chelles, où les « rhinocéros » – les HLM – de Ionesco menacent Sylvie, l'héroïne de Gérard de Nerval, symbole de la forêt et de ses villages.

En continuant notre balade vers le sud, nous ferons une halte au château de Vaux-le-Vicomte, où Molière, La Fontaine, Mme de Sévigné et toute la cour de Louis XIV assistèrent, les yeux éblouis, à la fête trop somptueuse donnée pour un roi, et qui provoquera la chute du surintendant Foucquet. Ce dernier, « lui-même grand lettré et adoré du temps de sa splendeur par les grands écrivains et poètes de sa génération, a frappé plus vivement l'imagination littéraire par sa chute[2] ». La Fontaine eut le courage de lui rester fidèle. Quant au château de Fontainebleau, maison des rois, il réunit de tous temps l'élite littéraire de la France. Marguerite d'Angoulême, Ronsard, Saint-Simon, Mérimée, Michelet, Stendhal y séjournèrent et chantèrent ces lieux.

1. Éditions de Minuit, 1942.
2. Marc Fumaroli, *le Poète et le Roi*, De Fallois, 1997.

Portrait de Balzac attribué à Eugène Devéria, vers 1825.
Offert par l'écrivain à Laure de Berny, il porte la dédicace manuscrite Et nunc et semper... *(Et maintenant et toujours).*

En traversant la Seine, nous arrivons dans la vallée de l'École où, au château de Brinville, vécurent pendant un demi-siècle Marcel Arland, directeur de *la Nouvelle Revue française,* et son épouse Janine, peintre.

Parmi les poètes qui vécurent dans le département, nous partirons à la découverte de quatre d'entre eux.

Quand, dans le hameau de Valvins, Mallarmé découvre une ancienne auberge de rouliers à louer, cette

Stéphane Mallarmé par Nadar (1895)

maison lui apparaît comme le lieu idéal. Ce *home* face à la Seine et à la forêt de Fontainebleau a tout pour le séduire. Pendant vingt-cinq ans, les séjours à Valvins rythment la vie du poète, qui s'initie à la navigation fluviale, objet de maintes méditations. Fernand Gregh, inlassable amoureux de la forêt de Fontainebleau, s'installe à By, un village qui constitue un écart[3] de Thomery, dans une demeure encore habitée par ses descendants. Quand Oscar Milosz achète une maison à Fontainebleau, il ne lui reste plus qu'un an à vivre ; il obtient l'autorisation d'installer dans le parc du château un nourrissoir destiné à ses chers « angelots », les oiseaux, qu'il chérissait tant. Jean Perrin a, lui aussi, une histoire intime avec les oiseaux. Dans le jardin du presbytère de Faremoutiers, sur une grande table de pierre, les petits êtres ailés ont table ouverte. Abbé poète, Jean Perrin vit aujourd'hui proche du « promenoir des Anges », qui lui inspira de magnifiques pages. Ses amis, artistes et écrivains, – « ces êtres de lumière », comme il le dit joliment – ont grandi sa flamme intérieure, qui a un double scintillement dû à la foi et à la poésie.

3. Agglomération secondaire d'une commune, formant un hameau.

C'est grâce à Henry Murger, auteur de *Scènes de la vie de bohème,* que Marlotte devient un lieu de villégiature à la mode au XIXe siècle. Et c'est grâce à Flaubert qu'André Billy se rend à bicyclette à Barbizon en 1907, « tout pénétré du fameux chapitre de *l'Éducation sentimentale* » : « Je ne découvrais pas la forêt de Fontainebleau : je la reconnaissais ! » Comme Denecourt, le créateur des fameux sentiers bleus, André Billy sera un opiniâtre défenseur de la forêt.

Aujourd'hui plusieurs écrivains vivent toute ou partie de leur vie en Seine-et-Marne. Nous évoquerons l'écrivain et éditeur Christian de Bartillat qui, dans *les Flammes de la Saint-Jean,* peint un village aux couleurs singulières d'un fantastique rural ; Éric Holder, qui évoque avec humour et sensibilité la vie autour du hameau de Thiercelieux ; Anne Vallaeys, qui fait revivre les fantômes de la forêt et retrace la belle vie du « vieux sylvain de Fontainebleau », Denecourt, le créateur de la forêt-promenade. Quant à Michel Houellebecq, son grand succès éditorial *les Particules élémentaires* a pour cadre la région de Crécy.

Nul doute qu'à l'avenir le charme de ses villages, la prestigieuse forêt de Fontainebleau, la plantureuse Brie ou les riantes vallées des Morins, de la Marne, du Loing et de la Seine, qui sont l'âme de la Seine-et-Marne, continueront d'être une source d'inspiration pour des plumes talentueuses.

Dominique CAMUS

Observateur attendri des petites gens ou des destinées solitaires, Éric Holder « dessine leur visage à l'encre de Chine et, d'un simple regard, il restitue leur fierté abolie ».

THIERCELIEUX

ÉRIC HOLDER, LE BONHEUR SIMPLE DANS LA MAISON BLEUE

par Jérôme GARCIN*

Après s'être longtemps étalée, grasse et limoneuse, jusqu'à l'horizon où elle fond dans le ciel, la Brie commence ici d'onduler, de louvoyer, d'étonner ; elle annonce les contreforts de l'Est. Thiercelieux est, entre La Ferté-Gaucher et Montmirail, un hameau de cinquante âmes accroché à une pente douce. L'hiver, seuls s'y arrêtent, moteur allumé, la 4 L du facteur et le car de ramassage scolaire. L'une apporte à l'écrivain des lettres de la capitale, l'autre emmène deux enfants à l'école. Sans église ni bistrot, Thiercelieux est une voie de passage entre le fromage de Coulommiers et les vins de Champagne, une colline peu inspirée où, depuis 1990, Éric Holder a choisi de vivre.

D'une voix tranquille de converti – ou d'apostat, c'est selon –, il assure qu'avant cette date cardinale son existence et ses livres n'avaient pas d'intérêt. « J'étais un petit con », lâche-t-il sans vraiment s'expliquer. Entre deux longs silences, on comprend qu'il fait le décompte de quelques illusions perdues à Paris et de ses premiers livres, dont il est si peu « fier » qu'il prétend souffrir de ce qu'on les loue encore. Éric Holder cite alors Heinrich Böll : « J'ai toujours voulu écrire, mais les mots sont venus tard. »

Il ajoute qu'il doit de les avoir trouvés à la Seine-et-

* La table des biographes se trouve p. 242 et s.

Marne, où les paysans sont silencieux, la terre loyale et les insectes moins médisants qu'ailleurs. « J'ai longtemps pensé qu'écrire, c'était faire des numéros de claquettes et porter des jugements péremptoires ; je sais maintenant que mon travail consiste à épurer, pour être le plus sincère possible. » Il dit cela d'un air grave qui le vieillit en même temps qu'il adoucit ses traits, ceux d'un jeune homme réfractaire au succès que Paris lui promettait, en échange d'une désinvolture tweedée, de quelques insolences et d'une aptitude calculée à se montrer. Le soleil de mars réchauffe les pierres de sa modeste maison briarde, baptisée « la Maison bleue ». Deux chats sautent sur la table de jardin. L'écrivain montre du doigt les vieux toits du hameau et désigne ses compagnons de campagne : « Eux, ils sont justes ! »

Dans *la Belle Jardinière*[1], ouvrage qui fut gratifié du prix Novembre, Éric Holder racontait sa vie quotidienne à Thiercelieux : fendre le bois de poirier pour la cuisinière, tuteurer les tomates, fumer le potager, édifier une murette pour les melons, jouer à la belote, réparer la toiture du voisin, chasser la taupe et le lombric, participer à la grand-messe estivale de la moisson, faire les courses à vélo et, parfois, quand le porte-monnaie est vide, aller vendre des bouquets de gui et de houx dans les rues de Paris. Il reste un peu de temps pour écrire, qui parfait celui de vivre, mais c'est un temps essentiel, parce qu'il est rare, plein de toutes ces journées d'efforts physiques consacrées à s'y préparer.

Éric Holder est né en 1960, dans le Nord. Ses parents, qu'il adore, étaient des bourgeois de Calais. À

1. Le Dilettante, 1994.

l'occasion des événements de mai 68, ils ont eu « le courage de tout lâcher » pour descendre dans le Midi de la France, nomadisant de remises en cabanons, de vignes en marchés, fuyant les huissiers, les contraintes sociales et le confort établi. Quelques années plus tard, Éric Holder a été garde-malade d'une tétraplégique, à Aix-en-Provence. De cette expérience, il a tiré un roman, *l'Homme de chevet*[2], qui rend mieux compte de la métamorphose de l'auteur que ses aveux virgiliens, égrenés dans l'air pur d'un printemps précoce.

Des cinq cents pages du manuscrit, il n'en reste, après l'élagage, le désherbage et le drainage, que cent cinquante. Il a jeté au rebut les formules trop brillantes, l'apitoiement de circonstance et les coups de théâtre inutiles. Maintenant le texte est nu, nu et sanglé comme le corps paralysé d'une jeune femme, Muriel, victime d'un accident de la route, qu'un ancien champion de boxe à la dérive porte du lit au fauteuil, lave de la tête aux pieds, et dont il percute l'aine, méthodiquement, pour libérer la vessie. À cette Muriel condamnée à l'immobilité, il va redonner le goût de la vie, du voyage et de l'avenir. En même temps, il initie à la boxe un garçon défavorisé, Karim. Homme de chevet ou entraîneur, au bord du lit ou du ring, retrouvant par procuration l'usage de son corps négligé, de son cœur malmené, le personnage d'Éric Holder illustre l'épigraphe de Philip Larkin : « Nous devrions avoir souci les uns des autres, nous devrions avoir de la bonté, pendant qu'il est encore temps. »

Comme s'il craignait d'abuser ses lecteurs et d'importuner ses propres personnages, Éric Holder écrit des

2. Flammarion, 1995.

textes brefs. C'est un auteur délicat qui a le souci d'autrui. Lui, au moins, ne publie pas pour paraître. Il emploie des mots simples, des mots justes, il ne hausse jamais le ton, ne se presse guère, ne triche pas avec les émotions, déteste la frime, ne craint pas d'être généreux. « J'éprouve de la tendresse, écrit-il, à l'égard des gens qui ne cachent pas leur débouche-évier ou leur eau de Javel. »

Dans ses petits livres pleins et ronds, on sent, comme sur ces objets qu'elle a inventés et polissés, la main caressante de l'artisan, l'art du compagnon. Tel le cinéaste Manuel Poirier, Éric Holder est attentif aux humbles, mais sans démagogie ; volontiers ému, mais toujours protégé du sentimentalisme, il aime peindre la vie quotidienne mais ne prétend pas l'expliquer, la transformer. C'est un écrivain de proximité et même de voisinage. L'aventure, pour lui, commence sur le pas de la porte, de l'autre côté de la haie de lauriers, dans l'appartement d'en dessous, la maison d'en face ou le bourg le plus proche – Montmirail, par exemple.

De la littérature il glisse ici que c'est « la copine bavarde du malheur », en oubliant de préciser qu'elle l'est aussi de petits bonheurs arrachés à la mélancolie ordinaire, et gagnés à force de ténacité sur des existences qui ne sont fondées ni sur l'exploit, ni sur l'espoir. Chez Holder, cela donne une courte journée à Étretat hors saison, quelques moules frites avalées au bistrot du port et, sur la plage, un maladroit baiser volé. Ou une simple barque rouge achetée chez un garagiste qui rêve de dériver, seul, au fil de la Marne. Ou la rencontre inopinée, sur un quai de gare, avec un lecteur qui vous a vraiment lu et improvise, pour fêter l'amitié naissante, un dîner froid. Ou la chaleur d'un alcool sur le zinc. « Je

Éric Holder

suis très dipsomane », avoue Éric Holder dans ses textes où, ajoutés au talent fraternel de l'auteur, le pastis, la bière, le vin, le « Gibi » réunissent et réconcilient, derrière des vitres embuées, les destinées solitaires. De celles dont il est le chroniqueur fidèle, l'observateur attentionné : une concierge qui sacrifie chaque jour à des rituels précis ; une bistrotière qui a, pour sa cour, « des égards de petite mère des peuples » ; un prof célibataire qui a une passion pour le roman « terrifiant » anglais ; une vieille fille corsetée dont le voisin essaie de briser la paralysante timidité ; un menuisier qui assiste au mariage de son fils avec une bourgeoise et, à la fin du repas, roule en silence une cigarette ; deux femmes qui se sont aimées et que, longtemps après, tout sépare dans l'insupportable chaleur de l'été. Gens de peu dont Éric Holder dessine le visage à l'encre de Chine et auxquels, d'un simple regard, il restitue leur fierté abolie.

À Thiercelieux, au milieu des champs et des fermes, un écrivain inactuel écrit de belles pages sans massacrer les bons sentiments. Après s'être beaucoup exercé à détester, il s'applique à savoir aimer. « Avec intolérance », ajoute-t-il, un sourire aux lèvres. Seul son poète de chevet, Philippe Jaccottet, et ses amis de la moisson lui renvoient l'écho de cet accord parfait avec le monde, où il est plus aisé de se trahir que de se ressembler. Éric Holder a bien mérité, aujourd'hui, son transparent bonheur. ■

Au milieu de nulle part

L'histoire est trop grande pour de si petits hameaux. Elle passe au-dessus, à Montmirail, que Jeanne d'Arc traversa, où Napoléon remporta une des quatre victoires de 1814, et où naquit Paul de Gondi, futur cardinal de Retz. Elle passe en dessous de La Ferté-Gaucher, où subsistent des ruines romaines, ainsi qu'un pont, resté intact sur le Morin, et par lequel s'engouffrèrent des milliers de soldats, lors de la Première Guerre mondiale. Je ne parviens pas à remettre la main sur une ancienne carte postale qui le représentait. Y figurait le nom d'une patriote qui avait fourni ce renseignement à nos armées. Or, sur ce cliché sépia, on voyait que ce pont donnait sur l'arrière d'une demeure. Était-ce la propre maison de cette dame ? Et qu'éprouve-t-on quand des milliers de soldats français montent au front en passant par votre enclos, quand les trains d'attelage, à la queue leu leu, font des ornières dans les bégonias ? Le sentiment, justement, d'être au cœur de l'histoire.

Ici, on n'a rien vu venir, et ce depuis des siècles.

Les aiguilles du temps ricochent sur la lenteur de la terre. [...]

La conscription, puis la mobilisation, firent voir du pays, Paris ou bien le Tonkin. Quand on revenait, ça n'avait pas plus d'importance que ça. Dès le lendemain, on remettait sa chemise de fenaison, et l'on s'inquiétait de l'état du grain. Ainsi l'histoire, ici, est-elle moins celle de l'homme que celles des saisons, des hivers qui sont longs, des étés où l'on manque de bras. [...] Deux événements, et deux seuls, auront marqué ce siècle : le passage d'un char américain, dans les grands champs d'en haut où le blé montait (on sut qu'une autre guerre s'achevait, on s'inquiéta de savoir si le blé serait indemnisé) ; la chute d'un chasseur de l'armée de l'air (le pilote s'éjecta), il y a vingt ans, de l'autre côté du ru, vers la Butte. C'est peu ? C'est énorme. [...]

Aussi les villages, les bourgs, les pays, comme on dit ici, bien qu'ils ne soient séparés que d'une dizaine de kilomètres, luttent-ils à leur manière contre cette campagne trop immense, coupable, sans hommes, d'être un danger pour l'homme. [...]

Si l'on se souvient de la moisson, c'est qu'elle est, ici, la fête primitive. Le fruit de l'année. Contemplée depuis décembre, c'est une lueur en haut d'un puits.

Dès le début du mois de juillet, il monte des champs quelque chose de sourd. Ce blé qui, toute l'année, du labour à l'emblavure en passant par l'engrais, a été l'objet de soins paternels, voici qu'il semble animé d'une vie propre. On dirait qu'il prend la parole sur le paysan. Qu'il est maintenant aussi grand que lui.

Aussi, dans les fermes, en contrepoint, entend-on des bruits inhabituels. Cela sonne comme une clameur guerrière, comme les armes qu'on fourbit : on a sorti les *moissebattes* dans les cours. [...] On hume, à la fraîche, les parfums d'orage qui montent sur l'horizon, et dont on espère qu'ils ne créeront pas de verses, dans les épis. Toute activité est ralentie. On porte le lait aux veaux avec un air distrait.

Éric Holder foulant cette terre briarde où la moisson est, ici encore, « une fête primitive, le fruit de l'année ».

Le cœur est gros comme le grain, les bras n'en peuvent plus d'attendre. On se réunit devant les mairies, en cercles, les mains sur les hanches. [...] Combien de générations d'agriculteurs remontent en un seul ? C'est son père, et son père avant lui, qui guettent le moment propice pour y aller, ces auspices conjugués d'un soleil assuré de durer et d'un taux d'humidité qui ravira le « héron », là-bas, au silo.

Le soir, dans l'air pâle strié des tirs d'insectes, [...] vérifiant que personne ne le voit, il va tâter un épi, le placer au centre de sa grosse main, sans l'arracher, sans le perdre, afin d'en soupeser la maturité.

Malgré tout, ce seront moins le temps ou les circonstances qui donneront le signal du départ, mais le bruit caractéristique de la première *moissebatte*, un matin, à sept heures. [...] Les hommes sont grillés de soleil. Ils ne prennent plus le temps de se raser. Là-dedans, les yeux et les dents brillent d'un éclat blanc, joyeux, sauvage. [...] On n'a pas le droit de boire d'alcool, dans la *moissebatte.* Mais à la paille, oui. Un cidre sucré dans le tonneau et qui reste cependant amer. [...] Vers la fin de l'après-midi tellement d'or, tant de soleil, de cidre, de coups de fourche et de croc, tant de chaleur sous la tôle du hangar font un éblouissement. Le soir retient son souffle, au-delà des bois. Paraît hésiter, comme de rares fois dans l'année. Les oiseaux de jour se mêlent aux oiseaux de nuit. Il fait rouge. On voit déjà la lune, pleine de cratères. Le boucan des *moissebattes* se fera entendre jusqu'à minuit. Pour l'heure on les repère à des nuages dans la lumière. [...]

Tu rentres chez toi en titubant un peu, moitié de fatigue, moitié d'avoir touché, avant de partir, à la réserve. Écroulé dans l'herbe haute, les bras en croix, tu sens la terre tourner, tu regardes les piafs, dans le merisier, finir les fruits en jacassant. Des bandes d'enfants – ce sont les grandes vacances – courent dans le pré. Une voix appelle à table, depuis la maison.

Éric HOLDER
La Belle Jardinière

lières del. Revue Illustrée.

*Grâce au succès d'*Adrienne Lecouvreur, *une pièce écrite avec Eugène Scribe, Ernest Legouvé (à gauche) achète Maison-Rouge à Seine-Port, village des bords de Seine qui deviendra un des lieux de prédilection des gens de théâtre et des artistes au XIXe siècle.*

Les beaux parents d'Eugène Labiche (à droite) possédaient le château de La Grange-le-Roy, près de Coubert.

SEINE-PORT ET LE CHÂTEAU DE SÉRICOURT

GENS DE THÉÂTRE À LA CAMPAGNE

par Jean-Claude YON

La Seine-et-Marne doit à sa proximité avec Paris la particularité d'avoir été, au XIXe siècle, un lieu de villégiature fort recherché par le monde du théâtre. Paris est alors la capitale mondiale du théâtre, une « usine à plaisir » dont le fameux boulevard du Crime[1] est demeuré dans la mémoire collective la pittoresque vitrine. Sur les cinq continents, tous les pays puisent dans l'immense répertoire parisien.

Cette domination entraîne une autre forme de rayonnement géographique : de même que Hollywood ne peut se concevoir de nos jours sans Beverley Hills, les gens de théâtre du XIXe siècle n'ont de cesse de fuir la capitale pour se retrouver dans ce que l'on commence à appeler la banlieue, là où chacun – auteur, artiste ou directeur – se doit d'avoir une propriété et de recevoir dignement ses amis. Qui plus est, une maison de campagne à proximité de Paris est le lieu idéal pour écrire tranquillement une pièce, apprendre un rôle ou terminer une partition. La Seine-et-Marne voit ainsi, les beaux jours venus, nombre de célébrités dramatiques arriver en diligence, en bateau à vapeur ou en cabriolet, puis, à partir des années 1850, en chemin de fer. Le développement du réseau ferroviaire a beau inciter

1. C'était le surnom du boulevard du Temple, haut lieu des théâtres du mélodrame.

certains à suivre la vogue du tourisme naissant qui les entraîne vers les plages de la Manche, de l'Atlantique et de la Méditerranée, les environs de Paris continuent encore longtemps d'attirer ceux qui ont bâti leur fortune et leur succès aux lueurs de la rampe.

Si la liste est longue des hommes et femmes de théâtre qui ont choisi la Seine-et-Marne au XIXe siècle, deux d'entre eux ont ressenti pour leur région de villégiature une véritable passion. Le premier, Ernest Legouvé, est tombé dans l'oubli ; le second, Eugène Scribe, n'est plus célèbre que par son nom, alors que son répertoire (425 pièces !) a fait de lui l'auteur français le plus joué de son temps. Bien plus connu de nos jours est assurément Eugène Labiche, qui se rattache, lui aussi, à la Seine-et-Marne ; mais Labiche n'a avec le département qu'un lien matrimonial : le minotier de Gonesse dont il épouse la fille en 1842 possède en effet le beau château Louis XIII de La Grange-le-Roy, près de Coubert. Labiche y vient souvent chercher le calme pour écrire ses vaudevilles ; mais c'est en Sologne qu'il achète, en 1853, le château d'Aulnoy, situé sur la commune de Souvigny. Labiche se plaît tant à Souvigny qu'il en devient maire en 1868 ; la Seine-et-Marne n'aura donc été pour lui qu'une étape, même s'il lui arrive, depuis Paris ou depuis La Grange-le-Roy, de venir rendre visite à Legouvé ou à Scribe.

Ernest Legouvé, lui, est très attaché au village de Seine-Port, où il loue une maison dès 1834. C'est à partir de 1842 qu'il y vient passer l'été, de juin à novembre, dans la propriété de Maison-Rouge. En 1849, grâce au succès d'*Adrienne Lecouvreur*, une pièce écrite avec Scribe, et jouée à la Comédie-Française par la célèbre tragédienne Rachel, il en fait l'acquisition et ne cesse dès lors de l'aménager. Ses liens avec la Seine-et-Marne sont si forts qu'on lui propose, en 1876, d'être candidat au Sénat dans le département. Legouvé reste toute sa vie un écrivain très influent ; après avoir écrit pour le théâtre de 1838 à 1881, il remporte de beaux succès comme conférencier. À Maison-Rouge, il reçoit ses amis intimes, tels Scribe et Labiche, le compositeur Charles Gounod, les peintres Delaunay et Amaury-Duval. La maison de Seine-Port est également fréquentée par Émile Paladhile, compositeur et grand prix de Rome en 1860, qui en deviendra le propriétaire en épousant la petite-fille de Legouvé. L'auteur fêté de *Patrie !* (1886) n'est d'ailleurs pas le seul proche de Legouvé lié au théâtre : de même que Legouvé avait collaboré avec Scribe, meilleur vaudevilliste de son temps, son petit-fils Maurice Desvallières signe plusieurs pièces avec Georges Feydeau, le maître du rire fin de siècle. Très attaché à Seine-Port, Desvallières s'en est fait l'historien en 1929 – travail qui sera complété en 1995 par Dominique Paladilhe.

Si la présence du théâtre à Seine-Port ne se réduit pas à Maison-Rouge – la grande actrice Virginie Déjazet y ayant notamment possédé de 1840 à 1873 une villa où elle reçut souvent Victorien Sardou débutant –, il en va autrement du domaine de Séricourt qui ne se rattache au théâtre que par celui qui en fit l'acquisition pour 120 000 francs en 1835, Eugène Scribe. L'écrivain avait passé deux étés, en 1815 et 1816, dans ce beau manoir situé à Bussières, non loin de La Ferté-sous-Jouarre, et il y avait écrit ses premières pièces à succès. Vingt ans plus tard, changeant de chevaux à la poste de La Ferté,

Eugène Scribe par Édouard Dubufe. Librettiste de Rossini, Verdi et Offenbach, Scribe mène grand train au château de Séricourt.

il apprend par hasard que le domaine est à vendre et l'achète sur un coup de cœur, alors qu'il possède déjà depuis 1829 le domaine de Montalais à Meudon.

Ce qu'un acteur décrira comme « la plus belle propriété particulière en France » va rapidement devenir une passion pour Scribe. Lui qui a pratiquement inventé la notion de droit d'auteur consacre beaucoup d'argent à embellir sa propriété, qu'il conçoit comme le symbole de sa réussite sociale. Il fait graver sa devise sur le manoir, construit un chalet dédié à tous ses collaborateurs, donne les noms de ses œuvres à certaines parties de son parc et orne l'entrée du domaine de ce distique : « Le théâtre a payé cet asile champêtre / Vous qui passez, merci... Je vous le dois peut-être ! » L'écrivain ne cesse d'agrandir ses terres. Rien n'est trop beau pour Séricourt. Le manoir, augmenté d'une aile, est meublé et décoré avec le plus grand luxe. L'été, les stores de soie ne laissent passer qu'un jour tamisé dans la salle de billard et l'on dresse une tente de coutil à raies bleues sur le perron pour servir le café aux invités.

Séricourt est en effet avant tout un lieu d'accueil, où Scribe et sa femme mènent, selon les propres mots de l'écrivain, « la vie de seigneur et dame châtelains, tenant table et maison ouvertes ». Le librettiste de Rossini, Verdi et Offenbach, l'auteur qui triomphe à la Comédie-Française, au Gymnase et à la salle Favart, celui qui personnifie dans le monde entier l'esprit parisien, y reçoit les notabilités du monde artistique. Séricourt est presque une annexe du Boulevard, aussi bien fréquentée que le foyer d'un théâtre à la mode. Labiche va jusqu'à comparer un séjour chez Scribe à un « pèlerinage »... On y travaille du reste beaucoup, et bien des visiteurs sont là pour affaires. Conseiller municipal de Bussières à partir de 1843, Scribe joue en outre un rôle de bienfaiteur local, multipliant les aides à la commune ou encore dotant l'église d'un tableau, d'une grille et de quelque mobilier. Le fils de marchand de soieries de la rue Saint-Denis qu'est Eugène Scribe devient ainsi un notable briard qui, comme Legouvé à Seine-Port, imprime sa marque là où il a choisi de résider. À ces hommes de théâtre habitués aux forêts en toile peinte et aux chaumières de carton-pâte, la Seine-et-Marne offre ainsi, aux portes de « la moderne Babylone » magnifiée par Offenbach dans *la Vie parisienne* (1866), une vie simple et authentique – nécessaire pendant aux fictions nées de leur imagination.

Scribe a également écrit des romans et des nouvelles. Il fit paraître *la Maîtresse anonyme* en juin et juillet 1838 dans *le Constitutionnel,* l'un des plus importants journaux de la monarchie de Juillet. La nouvelle fut reprise en volumes dès 1840 et intégrée aux *Œuvres complètes* de Scribe. On y retrouve sa prodigieuse maîtrise de l'intrigue, cette fois-ci placée dans le cadre familier de la Seine-et-Marne, où l'écrivain n'hésite pas à se mettre lui-même en scène avec bonhomie. ■

Si je vous apprends, ami lecteur, que j'ai acheté une petite propriété dans la Brie, cette nouvelle vous intéressera fort peu, sans doute ; si j'ajoute que j'ai eu l'imprudence d'y faire bâtir, que les maçons, les charpentiers, les entrepreneurs, et surtout les devis faits en conscience, m'ont presque ruiné, il y a grande chance que ce malheur vous sera totalement indifférent ; je vous confierais même, en secret, que mes constructions ne sont pas encore achevées, et que, pour la régularité d'un si bel édifice, il ne manque rien qu'une aile droite ; cet aveu qui me coûte beaucoup, vous laisserait froid et impassible, et ne vous ferait pas un instant interrompre la lecture du volume que vous tenez en ce moment. Mais si je vous disais, mon insensible lecteur, que ce corps de bâtiment arriéré, que cette aile absente, il faut absolument que ce soit vous qui la payiez, peut-être l'imprévu de cette annonce vous engagerait-il à me prêter quelque attention, et dès mon début j'aurais excité votre curiosité, votre intérêt et surtout votre effroi, seul but que se proposent de nos jours les faiseurs de nouvelles et de romans.

J'étais donc dans ma cour, assis sur une pierre, regardant tristement la place qu'occuperait si bien mon aile droite, quand elle serait élevée, si jamais elle s'élevait… lorsque je sentis une main me frapper sur l'épaule, et une voix jeune et joyeuse s'écrier : « Bonjour, mon voisin ! » C'était Georges Lisvard, mon voisin de campagne, que je connaissais à peine [...]

Arrivé depuis quelques jours dans notre voisinage, chez sa mère, il venait de temps en temps visiter ma bibliothèque, la seule qui existe dans la commune de Bussières, et dessiner nos points de vue, car Georges dessine, et même peint très bien.

– Qu'avez-vous ? me dit-il. Pourquoi cet air soucieux ?

Je lui racontais alors ce que je vous disais à l'instant même, mon cher lecteur, et comment je cherchais les moyens de faire achever au public mes constructions commencées.

– Quoi ! sérieusement, vous croyez qu'il paiera vos ouvriers ?

– Il est assez grand seigneur et généreux pour cela ! Il paie toujours ; mais seulement quand on l'amuse ; or, l'amuser devient chaque jour plus difficile. Aussi il me faudrait pour lui, dans ce moment, et c'est ce que je ne puis trouver, quelque sujet bien neuf, bien piquant, bien original.

– Un sujet de quoi ?

– Un sujet de roman, de comédie, d'opéra...

– Quoi ! avec des opéras on bâtit des maisons !

– Pourquoi pas ? Témoin mon ami Auber qui en a deux, rue Saint-Georges...

– Dont il éleva les murailles, comme Amphyon, avec sa lyre !

– Avec son talent ! ce qui est moins mythologique.

– Vous avez raison, ce n'est plus là de la fable... Eh bien ! si j'avais, moi, un sujet d'opéra à vous donner ?

– Vous mon cher voisin, est-il possible ?

– Quand je dis d'opéra… c'est peut-être une niaiserie !

– C'est souvent la même chose.

– Ou bien une tragédie, une comédie, un roman… je n'en sais rien.

– Dites toujours ?

– Ce que je sais, c'est que c'est original… bizarre, incompréhensible.

– C'est ce qu'il faut !

– Et que cela n'a pas le sens commun !

– C'est un succès mon cher ami, un grand succès ! Parlez, vous redoublez mon impatience.

– C'est une histoire qui m'est arrivée.

– À vous ?

– À moi… dans ma jeunesse

– Vous n'êtes pas si vieux.

– Il y a cinq ou six ans… J'en suis le héros ; mais l'aventure est un peu longue, et je ferais mieux de ne pas la commencer aujourd'hui, car il est tard et j'ai à midi une affaire importante que je ne puis remettre…

– Il n'est que 11 heures et demie, et je vous promets dans une demie-heure de vous rendre votre liberté.

– Bien vrai ?

– Je vous le jure !

– J'y compte.

Nous nous assîmes alors dans un endroit écarté du parc, au bord de ma rivière, près d'une cascade dont l'eau claire et limpide tombe sur un lit de cailloux et s'enfuit à travers mon bois jusqu'à la vallée du Petit Morin, lieu enchanté qui rappelle la Suisse dans les petits cantons ! Vallée délicieuse, qui jouirait de la plus haute renommée, si les coteaux verdoyants qui l'en-

Le château de Séricourt. « Le théâtre a payé cet asile champêtre », se plaisait à en dire Eugène Scribe. Un acteur décrira cette demeure comme la « plus belle propriété de France ».

tourent se nommaient Glaris ou Appenzell, mais que le voyageur regarde à peine parce qu'elle est à vingt lieues de Paris et à trois lieues de La Ferté-sous-Jouarre.

Georges, mon jeune ami, n'était pas de ces gens-là, car d'un œil ému et animé contemplant cette prairie verdoyante, la source argentée qui l'arrose et qui baigne le pied d'un temple rustique où j'ai gravé ces mots : *Verts gazons ! clair ruisseau ! près de vos bords chéris / Le plus que vous pourrez, retenez mes amis,*

– Vous ne pouviez mieux choisir, me dit-il, un endroit qui cadrât mieux avec l'histoire que je vous ai promise. Cette jeune verdure, cette riante campagne, ce temple dédié à l'amitié [...] me rendent toutes les idées que j'avais il y a six ou sept ans, quand je sortis du collège. Que tout est beau le matin au soleil levant ! Le monde où j'allais entrer s'offrait à moi, paré de tant de charmes et d'espérances. [...] Je m'étais promis de ne m'adresser qu'à des marquises, des comtesses... peut-être des princesses, si l'occasion se présentait... mais décidé dans aucun cas et sous aucun prétexte à ne jamais descendre au-dessous des baronnes ! [...] Et comment, moi pauvre écolier et jeune homme inconnu, être admis familièrement dans ces nobles hôtels, sanctuaires de mes divinités ? Je cherchais donc constamment les moyens de rapprocher les distances, de coudoyer ce grand monde jusque-là inaccessible. [...]

L'actrice Virginie Déjazet habita Seine-Port de 1840 à 1873.

J'allais tous les soirs au Théâtre-Italien ; c'était le rendez-vous de la haute société, le salon fashionable où se réunissaient les gens de la cour et où étaient admis les gens comme il faut. Et comme le cœur me battit la première fois que je m'assis dans cette arène brillante ! Comme mes yeux incertains et éblouis se promenaient avec ivresse sur tant de richesses, d'élégance et de beautés ! Toutes les loges étincelaient de parures, de diamants et de duchesses. [...] Dans l'entracte, je me promenais au foyer, [...] j'étais près d'elles, je touchais presque leurs châles aux longs plis ou leurs robes de gaze. Ma mère s'effrayait de mon goût pour la musique italienne et des dépenses qui en étaient la suite. [...]

Un soir, je vis entrer dans une loge de face une jeune personne charmante [...] comme la couronne de rose qu'elle portait sur sa tête... Je demandai timidement à mon voisin qui elle était.

– La petite duchesse, me répondit-il sans me regarder et en la lorgnant. [...]

À la sortie du spectacle je me trouvais sous le vestibule, près d'elle et de la vieille marquise, pendant que ces dames attendaient leur voiture, qui, grâce au ciel, fut une des dernières ; la duchesse m'avait paru charmante de loin, mais de près elle était bien mieux encore. [...] C'étaient des traits si fins, si délicats, un éclat de jeunesse et de beauté qui faisait plaisir à voir comme un premier jour de printemps. [...] Mon roman commençait... J'adorais cette femme. Je me serais tué pour elle, oui, monsieur ; je n'ai jamais rien éprouvé dans ma vie de plus vif.

À cet endroit du récit, l'horloge de Bussières sonna midi ; Georges poussa un cri :

– Ah ! je serai en retard, adieu, me dit-il en courant.

– Et la suite de votre histoire ?

– À demain, me dit-il... et il disparut.

Le lendemain, Georges fut exact au rendez-vous...

Eugène SCRIBE
La Maîtresse anonyme

La maison de Mac Orlan, côté jardin, à Saint-Cyr-sur Morin. « Je vis dans une petite maison dont j'ai en quelque sorte drapé les murs anciens autour de moi, comme un manteau. Elle est peuplée d'être vivants qui s'incorporent dans ces murs. »

SAINT-CYR-SUR-MORIN

PIERRE MAC ORLAN, AU CŒUR DE LA BRIE

par Francis LACASSIN

Une maison basse isolée le long de la route qui conduit vers l'Est et ses incertitudes. Derrière elle, en contrebas, un clos garni de pommiers qu'irrigue parfois cette branche du Petit Morin. Tel est l'endroit, sur la route des Armenats, à Saint-Cyr-sur-Morin, où Pierre Dumarchey, dit Mac Orlan, est venu jeter l'ancre au cœur de la Brie vers 1920. « Cette petite maison, que j'habite toute l'année, est tellement bien ajustée à mon corps qu'elle me complète comme un vêtement de chasse ou de golf, un vêtement où l'on se trouve à l'aise sans le remarquer et peut-être même sans savoir pourquoi[1]. »

C'est en 1911 que le Montmartrois Mac Orlan découvrit, sans savoir qu'il y finirait ses jours, la vallée du Petit Morin. La même année, son ami André Warnod célébrait dans *Comedia* « ses frondaisons et les baigneuses venues de Paris avec des peintres dont quelques-uns connaissent maintenant la célébrité ». Des peintres accompagnés de « baigneuses » et aussi d'écrivains, tels que Francis Carco, Roland Dorgelès, Pierre Mac Orlan – promis eux-mêmes à la célébrité. Peintres, écrivains, « baigneuses » forment une coterie rassemblée autour de Fréderic Gérard, le propriétaire du *Lapin agile,* le célèbre cabaret montmartrois de la rue des

1. « Dans ma maison », in *Art et Médecine*, 1934, et in *Cahiers Pierre Mac Orlan*, n°1.

Saules. Le père Frédé – comme on l'appelait alors – repose aujourd'hui dans le cimetière de Saint-Cyr-sur-Morin, où vivent encore son arrière-petite-fille et son petit-neveu. C'est Frédé qui a fait découvrir les charmes et les paysages de la vallée du Petit Morin.

À seulement soixante-dix kilomètres de Paris on pouvait tout à la fois prendre des vacances – pêche, baignades – et travailler en reproduisant de beaux paysages sur la toile. Les plus fortunés de ces Montmartrois s'installaient à l'Auberge de l'Œuf dur et du Commerce, les autres, tel Mac Orlan, logeaient chez l'habitant, dans l'un des hameaux. « De ce fait, les étés de Saint-Cyr-sur-Morin sont souvent des étés montmartrois. Ce mot comporte une gaîté qui ne peut que provoquer la santé ; le paysage tient de ceux de l'Île-de-France et de la Normandie ; l'excellent cidre des coteaux le proclame [2]. » C'est en souvenir de la gaieté de ces étés montmartrois en terre briarde que Mac Orlan, après la guerre, décide d'acquérir une maison qui abritera tous ses moments de loisir. En 1922, il achète une ancienne fromagerie, qu'il aménagera peu à peu en maison d'habitation au gré de ses disponibilités financières. Il s'y installe en 1924 et alterne séjours à Saint-Cyr-sur-Morin et séjours dans son appartement parisien de la rue du Ranelagh.

À propos de l'Auberge de l'Œuf dur, Mac Orlan confie : « Beaucoup parmi les écrivains et les peintres de notre génération sont venus boire une bouteille à la grande table qui, en été, est dressée au milieu de la cour intérieure, à l'ombre d'un grand chêne satisfaisant. Il y eut Segonzac, Asselin, Dignimont, Galtier-Boissière,

2. Préface pour le *Guide de Seine-et-Marne*, 1961.

Carco, Roland Dorgelès, Avelot, Salmon, Cécil Howard et beaucoup d'autres... Je ne pense pas qu'il existe à soixante-dix kilomètres de Paris un tel lieu de rassemblement[3]. »

Pierre Mac Orlan, Pierre Guibert, son ami aubergiste, et le perroquet Catulle dit aussi Dagobert.

De plus en plus séduit par ce village et par sa tranquillité propice au travail littéraire, il abandonne son appartement parisien en 1927. Il ne bougera plus de Saint-Cyr jusqu'en 1934, quand l'espoir d'accomplir une carrière dans le cinéma comme scénariste le conduit à se rapprocher à nouveau de Paris. Il loue alors un pied-à-terre rue Tardieu, en bas de la butte Montmartre. Il y renonce en 1938, toutes illusions dissipées quant à un avenir dans le cinéma. Il retrouvera Saint-Cyr-sur-Morin et son environnement convivial jusqu'en 1957. Cette année-là il s'installe à nouveau à Montmartre, rue Constance, pour être plus près des médias, radios périphériques, chanteurs, musiciens, animateurs d'émission sur la chanson. Il entame une carrière de parolier de chansons, interprétées par Germaine Montero, Monique Morelli, Juliette Gréco, Catherine Sauvage... En 1961, la maladie de sa femme l'oblige à retrouver le calme et le bon air de Saint-Cyr-

3. «La Vallée du Petit Morin », *les Annales*, août 1920.

Salon-bureau où Mac Orlan écrivit une grande partie de son œuvre. Dans cette pièce, où trônaient son poste de radio et son électrophone, objets de modernité, les photos de Simone Signoret et de Françoise Sagan rappellent ses amitiés.

sur-Morin. Après le décès de Marguerite, il n'en bougera plus. Même pas pour de brefs allers et retours ; chaque année, en décembre, il vote pour le prix Goncourt par téléphone.

C'est à Saint-Cyr-sur-Morin que Mac Orlan a écrit la plus grande partie de son œuvre. Il avait pénétré dans le domaine des lettres seulement en 1911, en écrivant pour le quotidien *le Journal* des contes humoristiques, qu'il illustrait lui-même. La guerre interrompit cette collaboration.

Son œuvre est diverse. Ses livres sont baignés dans une inquiétude née de ce qu'il appelle souvent le fantastique social ; c'est le fantastique qui n'a plus besoin du surnaturel pour mettre la raison en déroute : il préexiste dans les accessoires et les décors de la vie quotidienne. Pour le libérer, il suffit de l'entourer d'un éclairage ou d'une atmosphère, ou de mettre le lecteur en mesure d'imaginer celle-ci. Commencée avec *la Maison du retour écœurant* (1912), toute son œuvre est placée sous le signe du fantastique : fantastique de l'aventure, fantastique des villes et des ports – Paris, Londres, Amsterdam… –, fantastique social enfin, que l'on retrouve dans tous ses livres et qu'on peut définir comme l'intrusion de la modernité technique dans le romantisme du poète. De cette alliance spontanée entre l'expérience et l'imagination, la rêverie et les souvenirs de lecture, le goût de l'insolite et l'attachement au vivant, est née une œuvre forte et envoûtante – *le Quai des Brumes* (1927), *l'Ancre de miséricorde* (1941) – qui se situe à la frontière du récit romanesque et du poème en prose. La vie exceptionnelle des soldats et des marins y tient une grande place. Prophète, Mac Orlan avait senti et annoncé dans ses livres, *la Cavalière Elsa* (1921) par exemple, tout ce qui serait le climat du XXe siècle.

Jusqu'à sa disparition en 1970, et en dépit de ses tentatives d'installation à Paris dictées par le travail, la vie de Mac Orlan s'est déroulée au cœur de la Brie. On en retrouve le reflet dans *le Nègre Léonard* et dans *la Vénus internationale* ; ou dans des récits plus brefs comme *le Noël du bois sans nom, Une nuit, Champeaux, la Maison isolée, la Croix de Fau*. Sa dernière nouvelle à emprunter le décor de la Brie est, en 1968, *Gisèle de Saint-Jean-de-la-Marne*. Il faut y ajouter deux douzaines d'articles réunis dans les *Cahiers Pierre Mac Orlan*. On en trouvera ci-après un extrait significatif. ■

Moulins du Petit et du Grand Morin

Comme le pêcheur à la ligne, discret, souvent confondu dans un paysage bienveillant, le moulin d'eau est un des accessoires les plus classiques qui donnent de la personnalité à ces multiples petites rivières françaises si bruyantes dans l'ombre des toits des lavoirs communaux. Car ces lavoirs surchauffés sont à nos villages ce que l'agora pouvait représenter d'éloquent pour un citadin grec de la bonne époque, celle des dieux de l'Olympe, très affranchis, dirait-on de nos jours. Entre ces mille rivières de France, je connais plus particulièrement le Grand et le Petit Morin, car ma demeure est construite sur les rives de ce dernier. Je n'ai qu'à traverser mon clos pour suivre le cours de ce joli ruisseau capricieux, où les brochets font la loi aux dépens des vairons, des goujons, des ablettes et autres menus poissons destinés à leur nourriture quotidienne. Le brochet est un gros mangeur, avide de cuillères en métal brillant et en trompe-l'œil articulés. Comme les gentilshommes de fortune chers à Stevenson et à Marcel Schwob, le brochet termine ses jours au bout d'une corde. Cette corde est en gutte au lieu d'être en chanvre ; et la potence au lieu de s'appeler une justice s'appelle une canne à lancé léger. Le résultat est le même ; le brochet, comme le capitaine Kid, pend au bout d'un fil solide. [...]

En hiver le Petit Morin comme le Grand Morin sortent de leur lit. Et ce paysage, où l'on imagine aisé-

Mac Orlan entouré de ses amis, à Saint-Cyr. De gauche à droite, le peintre Pressac, le curé de Saint-Cyr, le photographe Guy Pestallozi, le romancier Jean-Pierre Chabrol et le dessinateur Flip.

ment les nymphes chastement vêtues de Corot, se transforme pour se montrer un peu semblable aux paysages de la Somme quand elle stagne en aval. Je retrouve devant mes fenêtres les marais de Péronne, couleur de vif-argent, et les roseaux que les halebrans froissent dans leur envol. Des sarcelles viennent visiter la rivière, que le passage fulgurant des martins-pêcheurs anime pendant l'été, avant l'ouverture de la chasse qui révolutionne les bois et les prairies. Le Petit Morin et le Grand Morin sont d'authentiques bessons. [...] Ces deux cours d'eau, qui empruntent chacun des vallées d'un caractère sentimental et reposant, par surcroît sont à l'origine de cette très grande activité des moulins à eau qui, depuis des siècles, enjambent les rivières pour utiliser les biefs, les écluses, les bajoyers qui protègent les berges,

les abées qui font un bruit de fontaine. Tous ces villages de la vallée du Petit Morin gardent en bon état un moulin qui moud le blé et dont la grande salle, pleine de sacs odorants, demeure le domaine des chats gris silencieux : des chats de meunier qui écoutent en clignant les paupières le bruit des eaux dans la bouldure. Les meuniers sont toujours habillés de gris clair, comme leurs chats de garde ; j'habite tout à côté du moulin d'Archet, qui ne moud plus. Mais on moud encore au moulin de Condetz, au moulin de Saint-Ouen, qui se situent à portée de ma vue. […] Le lieu-dit où s'élevaient les bâtiments des moulins à papier de la Banque de France s'appelait et s'appelle toujours le Gouffre. Ces moulins à eau garantirent pendant de nombreuses années l'agréable romantisme des keepsakes tendrement enluminés et, par la suite, de la plus modeste carte postale en couleurs. […]

Le Grand Morin est une rivière plus distinguée, plus mondaine que le Petit. Entre Esbly et Coulommiers, il s'étire discrètement, mais gracieusement, dans les beaux détails naturels d'une campagne de luxe, un luxe de classe simplement aisée. De Coulommiers à La Ferté-Gaucher son cours est ombragé et désirable pour la fraîcheur de sa verdure, l'heureuse composition des horizons que l'on découvre à chaque méandre de ce petit fleuve d'agrément.

Si la plus ancienne industrie de la vallée du Petit

Morin est représentée par les vanniers, la vallée du Grand Morin, elle, demeure le fief des papetiers, une corporation d'élite, comme celle des souffleurs de verre. Maintenant que le moulin de la Banque de France a émigré en Auvergne, le Grand Morin détient seul le pouvoir de tisser des filigranes précieux dans un papier d'une distinction parfaite. Ces papiers du Marais, qui donnent de l'attrait à ma correspondance et m'invitent à écrire pour le plaisir de tracer des signes noirs sur des feuilles blanches, sont pétris en cuves comme le raisin, non loin de chez moi. [...] Tout ce paysage dépend de l'aristocratique hôtel de la rue du Pont-de-Lodi, dont le vestibule est une bibliothèque consacrée aux témoignages de la belle édition, celle qui élève le livre français au rang d'une spécialité nationale. Daragnès, le grand graveur, qui aimait les beaux papiers, était un familier de la maison.

Je ne sais si, comme on le dit, l'eau est une bonne fée qui préside à la fabrication du papier, mais les papiers du Marais et ceux de l'Auvergne se fabriquent au bord de rivières claires. Henri Pourrat a chanté ces derniers mieux que je ne tente de le faire pour ceux de la Brie champenoise. Le papier occupe dans ma demeure autant de place que les pommiers dans mon clos, dont je prends un semblant de nourriture. Le papier me nourrit plus sûrement que les pommes. Tout au moins pour le présent. Je préfère rester dans l'incertitude afin de conjurer le mauvais sort.

Pierre MAC ORLAN

de l'académie Goncourt

Chroniques de la plaine et de la lisière des bois

À Ussy, où il achète un terrain, Beckett se fait construire une « petite maison » toute simple d'où il jouissait d'une vue remarquable sur les collines environnantes.

BECKETT DANS LE SILENCE D'USSY[1]

par James Knowlson

On ne doit pas sous-estimer l'importance de la « petite maison[2] » de Samuel Beckett à Ussy, pour sa vie d'écrivain. Un grand nombre de ses romans, de ses pièces de théâtre et quelques-uns de ses petits poèmes intitulés *Mirlitonnades* ont été écrits dans cette maison, à sa vieille table de travail. De courts textes en prose comme *Bing* ou *le Dépeupleur*, ainsi que le long roman extraordinaire *Comment c'est*, ont été composés en grande partie à Ussy. Comme le démontrent en effet ses cinq cahiers manuscrits, *Comment c'est* ne pouvait pas, semble-t-il, être écrit ailleurs[3]. Également, des textes en anglais comme *All That Fall (Tous ceux qui tombent)* ou *Eh Joe (Dis Joe)*, mais aussi des textes en français, avaient Ussy comme lieu de genèse ou de « découverte ». La plupart du temps, Beckett faisait lui-même les traductions de ses ouvrages et les révisait lentement et méticuleusement dans sa maison d'Ussy, pour en faire de nouvelles créations. Ses séjours à la campagne duraient parfois quelques jours seulement, saisis délibérément dans une vie affairée, chargée de rendez-vous à Paris. Plus sou-

1. Ce discours a été prononcé lors de l'inauguration de la plaque commémorative apposée sur la maison de Samuel Beckett à Ussy, le 27 octobre 2001.
2. Samuel Beckett, lettre à Tom MacGreevy, 17 juillet 1961 (Trinity College, Dublin).
3. Les cinq carnets manuscrits de *Comment c'est*, intitulés *Pim*, sont conservés dans le Humanities Research Center de l'Université de Texas. Ils portent tous Ussy comme endroit où ces manuscrits ont été commencés.

La maison de Beckett vue depuis les champs situés en contrebas. Ces paysages ont inspiré son grand ami le peintre Henri Hayden.

vent il consacrait à Ussy des périodes plus longues – des pages entièrement blanches de son agenda – qui voyaient la genèse d'un texte, son élaboration ou bien la traduction d'une de ses œuvres.

Le village et la maison signifiaient surtout pour lui la tranquillité, le calme, la solitude dont il avait tant besoin pour écrire. « Je pense que je pourrais vivre ici maintenant toute l'année. Il me semble que je récupère quelque chose dans le silence et la solitude », écrivit-il à un ami irlandais[4]. Même en plein hiver, il s'y réfugiait souvent, « avec la neige et les corbeaux, et le cahier d'écolier qui s'ouvre comme une porte pour me laisser plonger dans l'obscurité maintenant rassurante[5] ».

N'oublions pas que Beckett est le grand poète du silence, silence qui lui permet d'écouter la *voix intérieure* qui murmure inlassablement dans la tête, ou qui souligne par contraste des petits bruits qui passent si souvent inaperçus : une mouche qui bourdonne autour

4. Samuel Beckett, lettre à Tom MacGreevy, 11 août 1955 (Trinity College, Dublin).
5. Samuel Beckett, lettre à Ethna MacCarthy, 10 janvier 1959 (Texas).

« La nuit venue à la suite d'un crépuscule trop long j'ôtais mon chapeau qui me faisait mal. J'avais envie d'être de nouveau enfermé dans un endroit clos, vide et chaud.»
Samuel Beckett dans son bureau à Ussy vers 1965.

« Je pense que je pourrais vivre ici toute l'année ; il me semble que je récupère quelque chose dans le silence et la solitude. »

de sa table de travail et qui apparaît dans son texte, en partie autobiographique, *Compagnie,* comme si elle était purement imaginaire, « une mouche vivante le tenant à tort pour mort[6] » ; le chant des rossignols, dans le bois à côté de sa maison, qui lui tiennent compagnie la nuit lorsqu'il ne peut pas s'endormir ; le bruit des feuilles qui ruissellent dans le vent : « Elle murmure, écoute les feuilles. Les yeux dans les yeux, vous écoutez les feuilles. Dans leur ombre tremblante[7]. »

Mais Ussy n'était pas seulement un lieu privilégié pour le travail. « J'[y] récupère[8] », a-t-il dit, et cette récupération s'exprime de façons diverses. Il aimait, par exemple, tondre la pelouse, creuser des trous pour planter des arbres, réparer la clôture de barbelés démolie par les sangliers[9], et ainsi de suite. Ce que Beckett

6. Samuel Beckett, *Compagnie*, Éditions de Minuit, 1980, p. 37.
7. Samuel Beckett, Ibid., p. 65-66.
8. Samuel Beckett, lettre à Tom MacGreevy, 11 août 1955 (Trinity College, Dublin).

appelait « son bricolage » préservait son équilibre mental. Je me souviens très bien d'un dîner à deux, à Paris, aux Îles Marquises, rue de la Gaîté, où Beckett me racontait qu'il adorait amasser les feuilles au râteau dans le jardin d'Ussy. « Je ne comprends pas pourquoi cela me donne tant de plaisir », m'a-t-il dit. Je répondais qu'étant plutôt paresseux en ce qui concerne le jardinage, je détestais faire la même chose !

Ussy représente même parfois une source directe d'inspiration pour l'œuvre de Beckett. Le court texte *Immobile* (1972), quoique écrit d'abord en anglais (intitulé *Still*) dans son appartement du boulevard Saint-Jacques à Paris, évoque plusieurs fois des aspects de sa maison à la campagne. Le « petit fauteuil droit en osier » se trouvait en effet là dans son salon, la « fenêtre face à la vallée » donnait sur cette vallée de la Marne si souvent peinte par son grand ami Henri Hayden[10]. La disposition des fenêtres de sa maison a été voulue pour offrir différentes échappées au regard, de manière qu'en se plaçant devant l'une d'entre elles, Beckett pouvait en réalité « tourner la tête et fixer au sud-ouest le soleil qui décline », comme dans le texte d'*Immobile.*

« Comme j'adore la solitude ! », a-t-il écrit dans son journal intime, après une longue promenade dans le Tiergarten, à Berlin, en 1936. Pourtant il n'était pas du tout ermite ; c'est un des mythes qu'il faut contredire à toute occasion : passer une soirée avec Beckett était souvent une inspiration et, certes, une grande joie. Mais

9. Samuel Beckett, lettre à Barney Rosset, 17 mai 1959 (Université de New York à Syracuse).
10. Christian de Bartillat parle des liens d'amitié entre les deux hommes dans son beau livre *Deux amis, Beckett et Hayden*, Étrépilly, Les Presses du village, 2000.

la solitude représentait pour lui un renouvellement d'énergie et de force, surtout de force créatrice. Il s'ennuyait rarement à Ussy. Il y écoutait de la musique classique à la radio et, après 1967, lorsqu'il s'acheta un piano, un Schimmel, il en jouait « pour se venger sur Haydn et Schubert ». « Le nez collé sur la partition, c'est comme si j'avais le clavier dans le dos, écrivait-il. Finis par la savoir par cœur et par me redresser[11]. » Il écoutait des commentaires sur des matchs de rugby, surtout ceux entre la France et l'Irlande. Il lisait et relisait les grands textes de Dante, de Racine, de Shakespeare, de Goethe, de Hölderlin, ainsi que des romans de la « série noire », empruntés à Henri Hayden. Il jouait aux échecs avec Henri, qui demeurait avec sa femme, Josette, à Reuil, ou il suivait en solitaire les grandes parties d'échecs d'Alekhine, de Capablanca, de Spassky et de Fischer, dans des livres d'échecs qu'il gardait à portée de main sur des rayons au-dessus de sa table de travail. Lorsque les Hayden étaient à Reuil, Beckett avait des compagnons, mais seulement quand il le voulait, alors que Paris, avec la célébrité croissante qu'il connaissait, lui devenait parfois cauchemardesque.

On peut lire – soit dans ma biographie, soit dans la brochure de Paule Savane *Samuel Beckett à Ussy sur Marne* – le récit d'une dispute entre Beckett et la commune d'Ussy au sujet d'une parcelle de terre mitoyenne du terrain de l'écrivain qui, malgré les promesses du maire, en 1952, et malgré les vœux et tous les efforts de Beckett, fut vendue à un tiers. Beckett fut furieux et en resta bien amer. Après cet épisode, il se rendra rarement

11. Samuel Beckett, lettre à Alan Schneider, 24 avril 1967 (Boston College).

dans le village d'Ussy, préférant faire ses courses à La Ferté-sous-Jouarre. Mais il restera très attaché à ce paysage des monts Moyens, peints avec tant de splendeur par Hayden ; à la beauté de la vallée de la Marne, son calme et son éloignement ; aux amis qu'il avait dans les environs, surtout Henri et Josette bien sûr, mais aussi, à un autre degré, les gens de la ferme d'en bas, Nicole Greub, qui s'occupait de sa maison et, avant elle, sa belle-mère, ainsi que le garagiste, Stanislas Labeda, qui entretenait sa 2 CV, et Aristide Barberis que Beckett aimait bien.

Beckett adorait être en pleine campagne, faire de longues promenades, vingt kilomètres par jour parfois, comme lorsqu'il était jeune et accompagnait le père bien aimé dans les montagnes pas loin de son village natal de Foxrock, dans le comté de Dublin. Les choses vues et entendues à la campagne forment donc une sorte de « concert champêtre » (pour utiliser le titre d'un tableau de Giorgione que Beckett admirait beaucoup) dans son œuvre, jamais sentimentalisées mais bien observées et décrites avec de l'ironie ou avec une émotion pure et cristallisée. Prenons comme exemple un petit fragment de *Worstward Ho,* traduit en français par Édith Fournier et publié après la mort de Beckett sous le titre de *Cap au pire.*

Dans la pénombre vide peu à peu un vieil homme et un enfant. N'importe quoi d'autre ferait aussi mal l'affaire.

Main dans la main ils vont tant mal que mal d'un pas égal. Dans les mains libres – non. Vides les mains libres. Tous deux dos courbés vus de dos ils vont tant mal que mal d'un pas égal. Levée la main de l'enfant pour atteindre la main qui étreint. Étreindre la vieille main

Henri Hayden et Samuel Beckett à une exposition du peintre à la galerie Suillerot à Paris.
Hayden, qui viendra très souvent planter son chevalet devant la maison de Beckett à Ussy, « va atteindre le sommet de son art... dans le sillage de Beckett, vers Molien et les monts Moyens. »
(Bartillat, Deux amis, Beckett et Hayden, *Presses du village, 2001)*

qui étreint. Étreindre et être étreinte. Tant mal que mal s'en vont et jamais ne s'éloignent. Lentement sans pause tant mal que mal s'en vont et jamais ne s'éloignent. Vus de dos. Tous deux courbés. Unis pas les mains étreintes étreignant. Tant mal que mal s'en vont comme un seul. Une seule ombre. Une autre ombre[12].

Ce que Beckett évoque ici a, bien sûr, des racines

12. Samuel Beckett, *Compagnie*, op. cit., p. 14-15.

autobiographiques profondes dans les promenades faites en Irlande avec son père bien aimé. Mais le texte présente autre chose que de simples souvenirs. On sent l'émotion filtrée par les longues promenades qu'il a faites seul à Molien et dans le pays autour d'Ussy, accompagné parfois par des fantômes du passé. Et l'émotion ressentie à travers l'absence devient ici comme une sorte de cristallisation de liens humains et tendres qui peuvent même dépasser la mort.

Une nuit assis à sa table la tête sur les mains il se vit se lever et partir. D'abord se lever sans plus accroché à la table. Puis se rasseoir. Puis se lever à nouveau accroché à la table à nouveau. Puis partir. Commencer à partir. Pieds invisibles commencer à partir. À pas si lents que seul en faisait foi le changement de place. Comme lorsqu'il disparaissait le temps d'apparaître plus tard à nouveau à une nouvelle place à nouveau [...] La tête sur les mains mi-souhaitant mi-redoutant chaque fois qu'il redisparaissait qu'il ne réapparaisse plus[13].

Ussy, lieu de silence et d'écriture, a occupé une grande place dans la vie de l'écrivain. Mais Beckett avait aussi un grand don pour l'amitié. Les prix littéraires divers, dont le prix Nobel de littérature, reçu en 1969, comptaient moins pour lui que les liens profonds qu'il a tissés autour de lui. Et la présence ici aujourd'hui, autour de sa maison, de ses nombreux amis aurait plu à Beckett, autant sinon plus que cet honneur public qu'on lui confère, si mérité soit-il.

James KNOWLSON

13. Samuel Beckett, *Soubresauts*, Éditions de Minuit, 1989, p. 9.

Une maison de notable, de notaire, avec un petit côté George Sand, qui lui confère une sorte de poésie insolite.

ÉTRÉPILLY

CHRISTIAN DE BARTILLAT, AUX RACINES DU FANTASTIQUE

Il y a quelque quarante ans, nous nous sommes installés à Étrépilly dans une maison que nous avons achetée sur un coup de foudre. Une maison de notable, de notaire, avec un petit côté George Sand, qui lui confère une sorte de poésie insolite. Tout à côté, donnant sur un jardin, le clocher de l'église est comme un dernier arbre de pierre du parc. En somme tout ce qui est nécessaire au bonheur, à condition de pouvoir s'y refaire une seconde enfance. C'est là que je me suis mis à oublier l'autre, la maison ancestrale, hérissée de mâchicoulis, pour vivre dans une maison assez grande, bien que de moindres dimensions, dans la démocratie nouvelle de mes rêves et la paix familiale. Les maisons sont comme des êtres humains, en fonction peut-être de leur construction, de leur orientation, des personnes qui y ont vécu avant vous, des fantômes et des morts qui les hantent, des caves et des greniers qui les envoûtent. Il y a des maisons du bonheur et d'autres qu'on ne peut jamais habiter longtemps car elles provoquent la folie ou le malheur, ou elles tuent. La nôtre, jusqu'à présent, a été la bonne fée qui prodigue la paix. Elle est une personne, et c'est parce que nous la tenons pour une personne qu'elle nous aime autant que nous l'aimons.

Bien que mon épouse soit originaire de la région, je n'y ai, en ce qui me concerne, aucune attache locale. Je suis un homme issu des bocages du Centre, avec leurs petits champs fermés, et j'eus dès l'abord quelque inquiétude, quelque vertige même, à me promener dans ces immenses plaines moutonneuses d'un Multien qui, derrière les collines de la Goële, apparaît vraiment comme un début d'Eurasie. C'est une partie où le blé et le ciel sont les thèmes permanents d'un paysage auquel de lourdes fermes et des clochers massifs donnent régulièrement quelques assises.

Un peu las de tourner en rond dans ce parc où les arbres ne me donnaient rien de la plaine inspirée et voisine, je m'intéressais un peu au village, dont le maire était à l'époque un fermier poète, qui me fit amitié. Je ne tardais pas, au gré d'une élection, à entrer au conseil municipal et, quand le fermier poète quitta le village, après bien des péripéties, je fus son successeur. Ainsi je pénétrais peu à peu dans toutes les maisons, j'appris à connaître des hommes que la maudite ségrégation sociale de notre temps ne m'avait jamais permis de connaître. J'essayais tant bien que mal de me faire ici des amis. J'appris vraiment à connaître un village, à réfléchir à sa destinée. L'église, la poste, l'école étaient vraiment la chose du peuple et je commençais à écrire l'histoire de cette microcivilisation, en espérant que ce passé m'intégrerait peu à peu dans le présent d'un groupuscule éclaté.

Éditeur, ne voyais-je pas, tout au long de la semaine, des célébrités internationales, n'allais-je pas à New York, à Tokyo, n'étais-je pas en contact avec toutes les idées qui bouleversent le monde, venant heurter mes oreilles, venant agresser mon intelligence et bouleversant finalement mon cœur ? Là, au contraire, le samedi et le dimanche, je perdais la notion du temps pour me retrouver dans une France éternelle comme la mère, le père, la ménagère, le grand entrepreneur de plomberie, le conseiller, le défenseur, l'infirmier, l'homme au contact des hommes. Étrépilly-New York, ce fut pendant dix ans ma destinée. Mais bientôt le village ne me suffit plus, et au-delà de lui les campagnes, les autres villages, la région elle-même commencèrent à m'apparaître. Éditeur en semaine, je me mis à devenir, le samedi, l'historien d'un pays que j'aimais tant qu'il me fallait maintenant le connaître tout entier. Pendant cinq ou six ans j'arpentais la campagne, j'ouvrais les anciennes routes romaines, je rentrais dans toutes les églises, je montais dans beaucoup de greniers. Mes enfants et moi-même nous glanions en février, dans les labours, les tégulæ et les silex qui nous apprenaient que ce pays était aussi vieux que le monde. Je me mis à collectionner brochures, livres, catalogues, plans, gravures, cartes postales, en somme tout ce qui contribuait à me livrer véritablement le passé non plus seulement à la porte mais à l'intérieur même de ma maison. Cette collectionnite, maladie bien moderne, m'envahit et de longtemps je ne rentrais plus chez moi que je n'aie trouvé ou cru trouver un opuscule arraché, quel qu'en soit le prix, à n'importe quel bouquiniste.

C'est ainsi, sur le tas, par passion, que je tentais de me faire l'historien de ce pays perdu aux portes de Paris, dont je savais qu'il avait une âme. Un pays qui ne connaissait pas son passé, ignorait ses limites, ne se satisfaisait pas de son présent et ne pouvait envisager son avenir. C'est comme cela, par la petite porte sinon par le bout de la lorgnette, que j'eus la joie de parcourir les sentiers de l'histoire de France, qui sont souvent aussi beaux que les grandes routes de l'histoire. Dans ce grand vent qui fait coucher les blés, je retrouvais la vie d'un peuple, d'un petit peuple qui avait terriblement souffert des disettes et des cavalcades des guerriers. Après la paix romaine, au long de mille ans d'histoire, trois cents ans au moins n'avaient été que guerres et larcins, pillages, brûleries, et grandes peurs d'un peuple courageux sans cesse dépouillé mais finalement assez vivant pour reconstruire et refaire sans cesse le champ de blé. La région nord de Meaux, j'en connais les dédales, les ombres, je me suis fait au souffle de cette terre où le sang toujours vient recouvrir le blé. Traverser ainsi l'histoire de France fut une passion et un enchantement, un film où les images s'enchaînaient pour s'emparer de moi.

Jamais l'histoire ne m'avait tant apporté, indissociable d'un paysage et de son peuple, une vraie faiseuse d'avenir, somme toute.

Le roman *les Flammes de la Saint-Jean* est une longue histoire d'amour, mais aussi celle d'un village qui se regarde à travers son clocher. Jocelyne, la châtelaine, est condamnée à épouser un jeune officier qu'elle n'aime pas. Celui qu'elle aime, Jean-Baptiste, se cache dans le clocher. Roman du fantastique rural, il réunit la plupart des coutumes, contes et légendes, histoires de bergers et de sorciers répandus depuis des siècles dans le pays de Meaux. ■

Se sachant en sécurité provisoire, Jean-Baptiste escalada en quelques instants l'escalier qui le séparait de sa cellule céleste. D'un coup d'œil circulaire il inspecta sa demeure au faîte de ce clocher qu'il avait tant observé du dehors qu'il en reconnaissait le dedans : une œuvre dont l'extrême complexité s'achevait dans une simplicité absolue. Ce haut lieu, dans un inextricable enchevêtrement de poutres dont chacune, depuis la base jusqu'au sommet, était essentielle au maintien de l'ensemble.

Là, les batailles et copulations de volatiles avaient éparpillé suffisamment de plumes pour que le jeune homme puisse se constituer un honnête lit de campagne et s'allonger à sa guise. Il lui suffisait de se mettre debout pour se trouver à hauteur des baies grillagées, ouvertes sur les quatre horizons. Elles le plaçaient ainsi sans être vu dans un centre d'observation essentiel : rien, désormais, de ce qui pourrait se passer au village ne lui demeurerait étranger.

Vu d'en haut, le village comme à plat apparaissait dans une nouvelle dimension. Plein nord, au-delà du presbytère où M. le curé, marchant de long en large, ronronnait son bréviaire, se dressait immuable le moulin, qui se moquait de l'église et dont les ailes, ce soir, semblaient tourner dans le sens inverse du vent. Beaucoup de villageois, dans le parti de la réaction qui le tenait pour maléfique, et dans celui des modernistes qui le jugeaient inutile, demandaient la tête de ce vieil édifice croulant.

Ce soir Hypolite Belier, le meunier, était en train de rassembler ses moutons sur la colline d'un vert sombre tachetée de blanc. Il ne cessait de fixer le clocher avec une telle intensité que Jean-Baptiste ne put s'empêcher de se détourner pour échapper à son emprise. De ce côté-là, où derrière une touffe d'arbres gisait un menhir renversé qu'on appelait la méchante quatrième croix, il se sentait découvert. Une guerre sans merci allait se déclarer entre la tour d'ailes et la tour des cloches, dont le jeune homme désormais s'était constitué le gardien.

Il se porta vers la baie de l'ouest. Le couchant rasait la ferme du chapitre, située en plein centre du village. Vue de là-haut, elle dessinait un grand quadrilatère autour duquel s'ordonnait l'ensemble des bâtiments. Aveugle sur la rue, ses hauts murs n'étant percés que d'étroites meurtrières, elle s'ouvrait par un portail monumental de style classique, promptement refermé derrière chaque convoi. À l'intérieur, la grande cour rectangulaire, au milieu de laquelle trônait un immense tas de fumier, s'animait d'une ample vie rustique.

Mme Prairin, la fermière, qui régnait sur une bonne dizaine d'enfants élevés à la dure, était en train de morigéner son homme. Il tirait trop, disait-elle, sur la corde démagogique qui lui tordait le cou. À ce rythme on ne tarderait pas à lui confisquer ses hectares, dont une bonne partie venait de sa propre famille. En fait, Noémie, née Courtage, penchait de plus en plus du côté du parti de M. le curé. Pour elle, la mairie devait demeurer ce qu'elle avait toujours été : l'annexe de la

« C'est comme cela, par la petite porte sinon par le bout de la lorgnette, que j'eus la joie de parcourir les sentiers de l'histoire, qui sont souvent aussi beaux que les grandes routes de l'histoire. »

ferme. Cette exploitation témoin ne faisait-elle pas vivre de façon permanente ou temporaire une partie des habitants du village en tant que charretiers, bouviers, soigneurs, journaliers, manœuvriers, sans compter la quantité de servantes et de domestiques rondement menés par la forte maîtresse qui avait établi dans sa vaste cuisine aux batteries rutilantes le poste de commandement de son bateau de guerre.

Appelé sans doute à quelque tâche extérieure, le maire sortit de sa ferme et se dirigea vers la place publique. Pour ne pas le perdre de vue, Jean-Baptiste gagna la baie sud. La place était noire de monde. Entre l'église et son cimetière contesté, la ferme, le café, l'école, la mairie et la grille de la grande maison blanche, n'était-elle pas depuis toujours un champ de bataille où les différentes factions s'affrontaient le long des frontières fluctuantes sans cesse remises en question. La plupart des luttes, conflits, harangues, accordailles, pactes, se jouaient autour d'un centre variant selon la puissance, le nombre, le mordant des partis en présence.

Cette place de l'église venait d'être récemment baptisée place de la Paix. Au lendemain des dernières élections, le conseil municipal avait délibéré, au nom de la salubrité et de la laïcité, que l'ancien cimetière serait promptement déclassé et les morts transportés dans le nouveau lieu aménagé à cet effet.

Les différents protagonistes s'étaient avancés dans la direction de l'estrade invisible où chacun voulait prononcer la phrase décisive qui renforcerait sa position. Le curé s'était déjà fort enfoncé dans le camp des brebis galeuses, où le maire semblait avoir perdu du terrain. L'instituteur cependant, posté un peu en retrait avec quelques anciens de l'école, demeurait prêt à intervenir au cas où le progrès dont il était l'artisan, l'avenir dont il se savait le dépositaire, seraient mis à mal par l'une ou l'autre partie.

Finalement, n'y pouvant plus tenir, le représentant du clergé monta sur une chaise invisible…

« Monsieur le maire, pour détourner le feu vous déchaînez la foudre. N'êtes-vous ici ce soir que pour exiler nos morts, pour condamner un jeune homme présumé innocent ? »

« Laissez les morts, lança le maire. Ils ne sont pas votre propriété. Quant à celui qui vient de votre église, il a confondu la torche et le goupillon. Ce matin même je l'ai pris en flagrant délit. Serais-je fou ? »

Jean-Baptiste, lui, se sentait à l'abri. Il n'était plus le point de mire. Échappant au regard fixe du berger, au tintamarre de la place, il pouvait enfin, penché sur la quatrième baie, celle de l'ouest, regarder à loisir son paradis perdu et retrouvé : une maison blanche, un parc où s'épanchait la nuit naissante et, juste au centre, immobile comme une statue de l'église, Jocelyne qui peignait un tableau.

De là-haut la grande maison trahissait toute son ambiguïté. Blanche et voilée de noir, opaque, refermée sur elle-même, mais aussi en certains points ouverte et désireuse de livrer ses secrets. De la cave au grenier, chaque chose semblait en cacher une autre. Pour la première fois Jean-Baptiste la voyait dans toutes ses dimensions, selon tous ses axes, dans son infinie variété, une œuvre dont le temps semblait s'être joué, la mutilant, la modifiant, la reconstruisant à sa guise.

La maison était enclose dans son parc, qui la tenait prisonnière. La pierre et le feuillage s'affrontaient corps à corps et l'ensemble témoignait de la lutte éternelle entre la main subtile du jardinier et les assauts d'une nature vengeresse. Le bois lui-même, dont les grands arbres séculaires tentaient de se mesurer à la pierre, lançait de façon sporadique des cohortes de volatiles vers le clocher, qui les rejetait aussitôt dans leurs frondaisons. Parc et potager butaient sur la rivière qui zigzaguait entre les peupliers pointus et les saules aux cheveux détrempés jusqu'au lavoir antique où l'on avait le don de double vue. Au-delà commençait la forêt légendaire, recéleuse de terreurs et de charme.

Christian de BARTILLAT
Les Flammes de la Saint-Jean
prix Valery-Larbaud, 1983

Jacques-Bénigne Bossuet en 1698 à l'âge de 71 ans.
Évêque de Meaux en 1681, Bossuet conquiert une grande autorité avec ses sermons et ses oraisons funèbres.

MEAUX

BOSSUET, DU PALAIS ÉPISCOPAL À LA MAISON DE GERMIGNY

par Georges ASSELINEAU

Né en 1627 dans une famille qui comptait des magistrats de premier rang, Jacques Bénigne Bossuet fit de bonnes études au collège des Godrans, tenu par les jésuites. Son père fut obligé de s'expatrier à Metz, Dijon étant trop envahi par la famille. Ce ne fut pas sans conséquence pour lui, car nous le trouvons à l'âge de treize ans pourvu d'un canonicat dans ce riche chapitre. Cela lui permit de continuer ses études ecclésiastiques à Paris, au collège de Navarre. Après avoir obtenu le diplôme de docteur en théologie, il retourna à Metz et là, dans le calme et le recueillement de la vie canoniale, il acquit par une ascèse laborieuse les brillantes qualités de la pensée et du style qui feront de lui un père de l'Église pour les uns, une des gloires de la France pour d'autres, et peut-être pour tous.

Doyen du chapitre, grand archidiacre de la cathédrale, il est vite remarqué et on le demande à Paris pour des prestations oratoires qu'il sut rendre aussi évangéliques. On le trouve au Louvre et à Saint-Germain, où il prêche l'avent et le carême.

En 1670, il est proposé pour le siège épiscopal de Condom. Peu de temps après, le roi le choisit comme précepteur du dauphin. C'est un des heureux couronnements de ses travaux. Cette importante fonction va durer dix ans. En 1681, Bossuet est nommé évêque de

Meaux. Le diocèse ne comprend pas tout le territoire qui deviendra la Seine-et-Marne, mais seulement la moitié nord. Meaux en est la ville principale ; elle a gardé son aspect moyenâgeux, elle est le siège d'un bailliage et d'un présidial, elle possède sept paroisses et plusieurs établissements religieux. Bossuet réside dans un beau palais agrémenté d'un modeste jardin abrité par les remparts gallo-romains, à l'ombre d'une cathédrale gothique. L'ensemble de la cité épiscopale était, et est encore, un lieu remarquable et très évocateur de la vie ancienne.

La campagne environnante est agréable dans les vallées, moins pittoresques sur les plateaux. À deux lieues de Meaux, les évêques ont à leur disposition une maison de plaisance, un petit château sur les bords de la Marne. La rivière, avec ses rives boisées, en faisait un lieu reposant et plein de charme. Ce village de Germigny retenait plus souvent Bossuet que la ville proche. Il aimait à s'y reposer et à y recevoir ses amis dans la simplicité. C'est là que de toute la France on venait rendre visite au « patriarche ».

Seules les mœurs de ses contemporains et les idées retenaient son attention ou, du moins, lui semblaient dignes d'être transmises par sa plume. Nous ne trouverons pas dans ses ouvrages ce que les écrivains postérieurs y placeront avec complaisance ; donc pas de traités, pas de dissertations sur ce qui sera la future Seine-et-Marne. Cependant les lettres qu'il adressait ou qu'il recevait nous réservent quelques agréables et fugitives impressions qu'il voulut transmettre à ses correspondants.

L'abbé Bossuet, le neveu, est à Rome. Il suit les

péripéties de l'affrontement des deux anciens amis, Bossuet et Fénelon. Dans l'abondante correspondance entre l'oncle et le neveu, il est question de l'affaire du quiétisme, mais on y trouve, aussi bien que de savantes réflexions, de très banales et délicieuses observations.

Jamais Germigny ni Meaux n'ont été aussi beaux que cette année.

Quelques mois plus tard, toujours dans une lettre à son neveu, Bossuet fait part de ses projets d'embellissement des bords de Marne :

Je suis bien aise de vous savoir à la campagne. La nôtre est plus charmante que jamais. Les fontaines vont jusqu'aux nues. Nous allons commencer un bel ouvrage le long de la rivière et en noyer les petites îles.

La maison de campagne de Germigny n'a pas charmé que Bossuet ; son ami Fénelon aimait à y retrouver l'évêque de Meaux. Voici ce qu'il écrit, après quelques phrases austères :

Je m'imagine qu'après les fêtes, s'il vient de beaux jours, vous irez revoir Germigny paré de toutes les grâces du printemps.

Mieux que quelques lignes à la fin d'une lettre, Fénelon envoie à Bossuet une petite pièce de vers, *Sur la campagne de Germigny,* pour appeler le retour du printemps qui fera revivre ce séjour aimé ; c'est un peu précieux, mais le poète montre beaucoup de sensibilité.

De myrte, de laurier, de jasmin et de roses,
De lis, de fleurs d'orange en son beau sein écloses,
Germigny se couronne et sème les plaisirs.
Taisez-vous, aquilons, dont l'insolente rage
Attaque le printemps caché dans le bocage ;
Zéphirs, portez-lui seuls mes plus tendres soupirs.

Bossuet n'est pas en reste dans l'évocation légère et spirituelle de la nature. Daniel Huet, un évêque ami, lui avait envoyé un livre sur le paradis, que l'auteur situait entre le Tigre et l'Euphrate. Bossuet lui répond :

Je serai ravi de le lire dans le paradis terrestre de la Brie ; la Marne serait mon Tigre et mon Euphrate et ce serait sur ces bords que j'irai goûter les délices de vos belles découvertes.

Ce n'est pas seulement avec l'âme des choses inanimées que Bossuet se montre un observateur sensible. Les animaux aussi attirent son attention. À son neveu, à la fin d'un sévère courrier, il écrit :

Les pluies désolent les jardins. On n'espère ni pêches, ni melons ; Les vignes sont menacées de tous côtés. Il n'y a de ressources que dans le vin de Varredes. Au reste, Castor[1] *a été enrôlé dans un régiment qui est passé à Meaux. Il n'y avait plus moyen de supporter sa mordacité. Nous nourrissons la postérité qu'il nous a laissée de Junon ; la beauté est encore assez ambiguë.*

Avec ses compatriotes les rapports furent nombreux, la très abondante correspondance qui nous reste en est une preuve. Un fait divers secoua la ville de Meaux en 1699, une lettre anonyme courut dans la bonne société ; elle tournait en dérision de façon injurieuse les membres du présidial. Les rumeurs accusaient l'un ou l'autre des fils de ces nobles magistrats, entre autres M. Macé, d'en être l'auteur. Le scandale était grand. Bossuet, alors à Versailles, écrivit au président une lettre très habile pour demander à tous d'attendre dans la paix son retour à Meaux.

1. Il s'agit du chien de Bossuet.

Le jour venu, Bossuet arrangea l'affaire et, pour fêter la paix, invita tous les membres du présidial à un repas à l'évêché. Remarquons les procédés oratoires : les trois verbes qui décrivent l'activité du pasteur, « qui honore, considère, aime ». Remarquons aussi les trois adjectifs qui relèvent la valeur du corps des magistrats, « aussi sage, aussi modéré, aussi digne de considération ». Trois adjectifs d'autant plus remarquables que la plume de l'auteur qui n'en a écrit que deux, se reprend et ajoute après coup le troisième, bon procédé oratoire.

Les soins et attentions de Bossuet pour son diocèse étaient beaucoup plus nombreux dans un autre ordre ; savourons donc les quelques instants de légèreté poétique qu'il nous procure. ■

À MM. du présidial de Meaux

À Versailles, 25 novembre 1699

Messieurs, je ne puis m'empêcher d'envisager toujours avec crainte les fâcheuses suites de l'affaire qui partage aujourd'hui toute notre ville. Quel qu'en puisse être l'événement, il sera toujours funeste à la charité que je désirerais y pouvoir conserver au prix de mon sang. Je vous supplie donc, messieurs, par les entrailles de la miséricorde de Jésus-Christ, de me donner vos justes ressentiments contre les auteurs, quels qu'ils soient, de cet ouvrage de ténèbres.

J'écris en même temps à M. le président Macé, que je ne croirai jamais capable d'une entreprise comme celle-ci. La déférence que vous aurez pour votre pasteur, qui vous honore, qui vous considère, qui vous aime autant que je le fais, ne peut être qu'avantageuse à un corps aussi sage, aussi modéré, aussi digne de considération que le vôtre. Faites-moi donc cet honneur, que je compterai pour beaucoup, de laisser là une poursuite qui ne peut jamais produire que du mal en causant des inimitiés et des vengeances où je ne vois pas de fin. Que si vous ne croyez pas pouvoir m'accorder un renoncement entier, j'espère, du moins, que vous ne me refuserez pas un délai jusqu'à ce que je sois

Le palais épiscopal, côté jardin, tel que Bossuet l'a connu, avec la cathédrale en arrière-plan. La cité épiscopale forme encore aujourd'hui un remarquable ensemble, qui se visite.

sur les lieux, ce qui sera bientôt, s'il plaît à Dieu. Je me sentirai éternellement votre obligé pour cette complaisance, et je la reconnaîtrai par tous les services dont je serai jamais capable envers votre compagnie et envers tous les particuliers qui la composent, étant d'ailleurs avec une estime particulière, messieurs, votre très humble serviteur.

J.-Bénigne, évêque de MEAUX

« Il retrouva une photo prise à son école primaire et il se mit à pleurer. Assis à son pupitre, l'enfant tenait un livre de classe ouvert à la main. Il fixait le spectateur en souriant, plein de joie et de courage; et cet enfant, chose incompréhensible, c'était lui. »

CRÉCY-LA-CHAPELLE

LIEUX HOUELLEBECQUIENS

par Dominique Noguez

J'ai rencontré pour la première fois Michel Houellebecq dans une enclave privée du jardin du Luxembourg, sous de beaux grands arbres, lors d'une fête organisée en 1991 par les éditions du Rocher, installés alors rue de l'Odéon. Le poète Michel Bulteau, qui l'avait accueilli quelques mois plus tôt dans sa collection « Les infréquentables » pour un *Lovecraft* au sous-titre déjà très houellebecquien – « Contre le monde, contre la vie » –, nous avait présentés l'un à l'autre et, n'ayant que dix minutes à passer dans cette fête, je les avais très volontiers consacrées à ce jeune hurluberlu qui disait avoir des choses à me dire. J'avais, quant à moi, à lui faire part de l'extrême jubilation que m'avait inspirée la lecture à voix haute dans son bureau par Joaquim Vital, directeur des éditions de la Différence, un certain jour de 1990 ou 1991, d'extraits de *Rester vivant* et de poèmes de *la Poursuite du bonheur,* dont Bulteau venait de lui conseiller la publication.

Depuis, l'extension de l'espace vital de Michel n'a pas cessé, sans trop de lutte, je crois. Je l'ai rencontré plusieurs fois aux abords de son lieu de travail, l'Assemblée nationale, et à la Maison des écrivains, rue de Verneuil ; une fois même, en 1993, nous avons poussé jusqu'à la rue de la Fidélité, près de la gare de l'Est, puis une autre fois, toujours plus au nord, jusqu'à Bruxelles, où en compagnie de Marie-Pierre, sa future femme, et de l'écrivain-éditeur John Gelder, nous étions partis à la rencontre de quelques menus poètes belges (« menus », façon de parler : William Cliff et Jean-Pierre Verheggen sont, chacun à sa façon, de sacrées grandes gueules). Ensuite, les lieux sont ceux de ses livres.

Après *Rester vivant,* qui garde un niveau d'abstraction peu propice à l'évocation locale pittoresque, il a planté le décor de *la Poursuite du bonheur* à Paris & environs (on y reconnaît le boulevard Pasteur, la station de métro Ségur, la FNAC de la rue de Rennes, le jardin du Luxembourg, et maints HLM probablement périphériques), avec, déjà, quelques échappées vers Le Havre ou Francfort, voire Santiago du Chili, en attendant les Venise et Djerba de *Renaissance*, le recueil de poèmes suivant.

Dans un de ses plus beaux textes, « Approches du désarroi », écrit en 1993, et repris dans *Interventions,* il décrit le lycée du Raincy désert, en mai 1968, et la gare d'Avignon paralysée par une grève en 1986.

Quand il quitte Paris, le héros d'*Extension du domaine de la lutte* est ballotté de Rouen à La Roche-sur-Yon et de Rueil-Malmaison à Saint-Cirgues-en-Montagne. Les deux demi-frères des *Particules élémentaires* vont, eux, de l'Yonne et d'Alger à Clifden en Irlande et à Verrières-le-Buisson, via un certain camping proche de Royan – ou de Cholet, comme il fut rectifié contre toute vraisemblance, après le procès intenté par le directeur du camping.

Enfin, à l'orée du nouveau siècle, voici le « milieu du monde » : Lanzarote, cette île des Canaries célébrée à la fois par la photo et la fiction dans l'ouvrage du même nom, et la Thaïlande de *Plateforme,* haut lieu du tourisme international plus ou moins « sexuel »,

« Il est très important pour moi de créer avec mon héros, qui est aussi narrateur, un lien très fort dès le départ. Voilà pourquoi le personnage principal de mes romans se prénomme toujours Michel. » (Le Figaro, septembre 2001)

nouveaux objectifs d'une ambition balzacienne étendue à la terre entière. Sans parler maintenant de cette maison irlandaise où fait régulièrement halte un auteur si nomade et dont le nom, The White House, fait de son propriétaire le seul véritable rival européen du président des États-Unis…

Ainsi, de lieu en lieu, directement ou par ses livres, de l'informaticien dépressif au rayonnant crooner psalmodiant ses poèmes sur fond de musiques rock, du moraliste noir de *Rester vivant* au romancier déchiffreur du monde mondialisé, j'ai connu plusieurs Michel Houellebecq.

Mais je n'ai pas connu l'adolescent ni l'étudiant, celui de la formation, quand il apprit à écrire et à penser, celui qui lisait, ravi, Auguste Comte, Schopenhauer ou Lovecraft, et qui commençait ainsi à naviguer entre le zist du pessimisme le plus noir sur l'homme et le zest de l'optimisme le plus grand sur l'humanité. J'ai encore moins connu le Michel du début, celui de ce moment capital où tout se joue, le bébé naissant à La Réunion, adopté très vite par ses grands-parents, particulièrement sa grand-mère, Mme Houellebecq, et se retrouvant dans l'Yonne puis en Seine-et-Marne. Je n'ai pas connu l'enfant plus ou moins solitaire, le bon élève, à qui ses grands-parents offrirent un vélo qu'il s'en vint choisir à Auxerre ou, plus tard, une panoplie de petit chimiste. Celui-là vécut notamment à Crécy-la-Chapelle, dite aussi Crécy-en-Brie, à quarante-cinq kilomètres de Paris à vol d'oiseau. Il en parle, on le verra plus loin, dans *les Particules élémentaires*. Mais c'est un roman, et il s'y est autorisé quelques exagérations. « Je suis réellement retourné à Crécy-la-Chapelle, m'a-t-il confié, mais ça a beaucoup moins changé que je ne l'ai écrit. Il n'y a pas tellement de pavillons neufs. C'est vraiment joli. C'est très Corot. C'est-à-dire aussi assez triste. Il y a toujours un fond de tristesse dans les éclairages de ce peintre, il a aimé ces paysages, il les a peints plusieurs fois. Oui, joli et triste. » ■

Il y avait une lettre qui venait de la mairie de Crécy-en-Brie. Suite à des travaux d'agrandissement d'un arrêt de cars, il était nécessaire de réorganiser le plan du cimetière et de déplacer certaines tombes, dont celle de sa grand-mère. Selon le règlement, un membre de la famille devait assister au transfert des restes. Il pouvait prendre un rendez-vous avec le service des concessions funéraires entre dix heures trente et douze heures.

L'autorail de Crécy-la-Chapelle avait été remplacé par un train de banlieue. Le village lui-même avait beaucoup changé. Il s'arrêta sur la place de la Gare, regarda autour de lui avec surprise. Un hypermarché Casino s'était installé avenue du Général-Leclerc, à la sortie de Crécy. Partout autour de lui il voyait des pavillons neufs, des immeubles.

Cela datait de l'ouverture d'Eurodisney, lui expliqua l'employé de mairie, et surtout du prolongement du RER jusqu'à Marne-la-Vallée. Beaucoup de Parisiens avaient choisi de s'installer ici ; le prix des terres avait presque triplé, les derniers agriculteurs avaient revendu leurs fermes. Il y avait maintenant un gymnase, une salle polyvalente, deux piscines. Quelques problèmes de délinquance, mais pas plus qu'ailleurs.

En se dirigeant vers le cimetière, longeant les maisons anciennes et les canaux intacts, il ressentit pourtant ce sentiment trouble et triste qu'on éprouve

« Le village est joli, composé de maisons anciennes. Corot y a peint quelques toiles. Un système de canaux dérive les eaux du Grand Morin, ce qui vaut à Crécy d'être abusivement qualifié, dans certains prospectus, de Venise de la Brie.» (Les Particules élémentaires)

toujours à revenir sur les lieux de sa propre enfance. Traversant le chemin de ronde, il se retrouva en face du moulin. Le banc où Annabelle et lui aimaient s'asseoir après la sortie des cours était toujours là. De gros poissons nageaient à contre-courant dans les eaux sombres. Le soleil perça rapidement, entre deux nuages.

L'homme attendait Michel près de l'entrée du cimetière. « Vous êtes le… – Oui. » Quel était le mot moderne pour « fossoyeur » ? Il tenait à la main une pelle et un grand sac de plastique noir. Michel lui emboîta le pas. « Vous êtes pas forcé de regarder… » grommela-t-il en se dirigeant vers la tombe ouverte.

La mort est difficile à comprendre, c'est toujours à contrecœur que l'être humain se résigne à s'en faire une image exacte. Michel avait vu le cadavre de sa grand-mère vingt ans auparavant, il l'avait embrassée une dernière fois. Cependant au premier regard il fut surpris par ce qu'il découvrait dans l'excavation. Sa grand-mère avait été enterrée dans un cercueil ; pourtant dans la terre fraîchement remuée on ne distinguait que des éclats de bois, une planche pourrie, et des choses blanches plus indistinctes. Lorsqu'il prit conscience de ce qu'il avait devant les yeux, il tourna vivement la tête, se forçant à regarder dans la direction opposée ; mais c'était trop tard. Il avait vu le crâne souillé de terre, aux orbites vides, dont pendaient des paquets de cheveux blancs ; il avait vu les vertèbres éparpillées, mélangées à la terre. Il avait compris.

L'homme continua à fourrer les restes dans le sac plastique, jetant un regard sur Michel prostré à ses côtés. « Toujours pareil… grommela-t-il. Ils peuvent pas s'empêcher, il faut qu'ils regardent. Un cercueil, ça peut pas durer vingt ans ! » fit-il avec une sorte de colère. Michel resta à quelques pas de lui pendant qu'il transposait le contenu du sac dans son nouvel emplacement. Son travail fini l'homme se redressa, s'approcha de lui. « Ça va ? » Il acquiesça. « La pierre tombale sera déplacée demain. Vous allez me signer le registre. »

Donc c'était ainsi. Au bout de vingt ans, c'était ainsi. Des ossements mêlés à la terre, et la masse des cheveux blancs, incroyablement *nombreux* et vivants. Il revoyait sa grand-mère brodant devant la télévision, se dirigeant vers la cuisine. C'était ainsi. En passant devant le bar des Sports, il se rendit compte qu'il tremblait. Il entra, commanda un pastis. Une fois assis, il prit conscience que l'aménagement intérieur était très différent de ses souvenirs. Il y avait un billard américain, des jeux vidéo, une télé branchée sur MTV qui diffusait des clips. La couverture de *Newlook* affichée en panneau publicitaire titrait sur les fantasmes de Zara Whites et le grand requin blanc d'Australie. Peu à peu il s'enfonça dans un assoupissement léger.

Ce fut Annabelle qui le reconnut en premier. Elle venait de payer ses cigarettes et se dirigeait vers la sortie quand elle l'aperçut, tassé sur la banquette. Elle hésita deux ou trois secondes, puis s'approcha. Il leva les yeux. « C'est une surprise … » dit-elle doucement ; puis elle s'assit en face de lui sur la banquette de moleskine. Elle avait à peine changé. Son visage était resté incroyablement lisse et pur, ses cheveux d'un blond lumineux ; il paraissait impensable qu'elle ait quarante ans, on lui en donnait tout au plus vingt-sept ou vingt-huit.

Elle était à Crécy pour des raisons voisines des

siennes. « Mon père est mort il y a une semaine, dit-elle. [...] J'ai souvent pensé à toi. Je t'ai détesté quand tu n'as pas répondu à mes lettres. Ça fait vingt-trois ans, mais parfois j'y pense encore. »

Elle le raccompagna à la gare. Le soir tombait, il était presque six heures. Ils s'arrêtèrent sur le pont qui traversait le Grand Morin. Il y avait des plantes aquatiques, des marronniers et des saules ; l'eau était calme et verte. Corot avait aimé ce paysage, et l'avait peint plusieurs fois. Un vieillard immobile dans son jardin ressemblait à un épouvantail. « Maintenant, nous sommes au même point, dit Annabelle. À la même distance de la mort. »

Elle grimpa sur le marchepied pour l'embrasser sur les joues, juste avant que le train ne démarre. « Nous nous reverrons » dit-il. Elle répondit : « Oui. »

Michel HOUELLEBECQ
Les Particules élémentaires

Jean Bruller dit Vercors, lors d'une conférence sur son livre le Silence de la mer *donnée au domaine de Chantemerle, à Bois-le-Roi.*

DE VILLIERS-SUR-MORIN À FAREMOUTIERS

VERCORS, DU SILENCE NAÎTRA L'ÉCRITURE

par Yves LEROUX

Vercors, est-ce encore un secret, s'appelait Jean Bruller. Ce pseudonyme, dit-il en 1941, vient « d'un massif altier qui a joué dans ma vie récente un si grand rôle, où j'ai failli prendre le maquis pour préserver ma liberté, un nom plein d'une âpre hauteur : le Vercors. Quel pseudonyme en tête de mon récit[1] pourrait sonner avec plus de fierté ? » Mais ce n'est pas en qualité d'écrivain qu'il fut d'abord connu, mais de dessinateur et de graveur. Dès 1926 il publiait un album de dessins de caricatures, *Vingt et une recettes pratiques de mort violente,* précédées d'un *Parfait manuel de petit suicidé.* L'année suivante paraissait un second album, *Hypothèses sur les amateurs de peinture à l'état latent.*

Les événements ne sont évidemment pas sans influer sur l'évolution de Jean Bruller. De 1932 à 1938, il aborde, en quelque cent soixante estampes, presque toutes les préoccupations de ce temps d'avant-guerre. À l'entrée des Allemands en France, ce sera le silence. Puis, la Résistance et *le Silence de la mer.*

Vercors habitait Paris et la Seine-et-Marne. D'abord à Villiers-sur-Morin, de 1931 à 1948, où, encouragé par Jean Lescure, il a écrit le texte qu'il portait en lui et qui n'attendait qu'un peu de maturité pour naître, *le Silence de la mer.* Ce petit livre dense et sobre écrit et publié

1. *Le Silence de la mer.*

dans la clandestinité aux Éditions de Minuit[2] en 1942 connaît en France mais aussi outre-Manche un succès immédiat – De Gaulle l'a fait traduire en anglais, puis éditer en 1943. Maurice Druon, qui préfaça cette édition de Londres, confia que « chacun se demandait quel grand écrivain se cachait sous le pseudonyme de Vercors. Nous ne sûmes que plus tard que Vercors était Jean Bruller, dessinateur et graveur déjà célèbre, mais auteur inconnu. » Avec modestie, Vercors a reconnu qu'il ne s'était pas douté du « fabuleux destin » que son récit allait avoir dans le monde. Ce livre traduit en trente langues, Jean-Pierre Melville le porta à l'écran en 1948.

C'est à Villiers qu'il écrivit aussi *la Marche à l'étoile*. Vingt-cinq ans plus tard Vercors évoquera dans *la Bataille du silence* ses souvenirs de 1914 à 1944, et les circonstances qui le conduisirent à écrire, faisant référence aussi à la vie du village pendant l'Occupation. « À Villiers j'avais passé le mois de septembre [1940] à défricher la jungle de mon jardin, et à le retourner de fond en comble pour y planter les pommes de terre. Au moins nous aurions au printemps quelque chose à manger, malgré la disette prévisible. » Employé chez un ami menuisier, Vercors organise sa vie autour de deux activités, la menuiserie et l'écriture. « Je m'obligeais chaque jour à rédiger deux pages pour le moins, en manière d'exercice, afin de garder la cervelle en état. [...] Tous les jeudis, je venais à Paris, afin d'y retrouver mon ami Lescure. [...] Lescure venait d'entrer dans un réseau de l'Intelligence Service. À son avis c'était l'unique façon, en France, de contribuer encore au seul combat

2. Vercors est, avec Pierre Lescure, le fondateur des Éditions de Minuit, en 1941.

possible. [...] Au village, le reste de la semaine, je continuais de mener ma vie bien ordonnée de menuisier de jour et d'écrivain de nuit. »

Vercors habita ensuite avec sa seconde épouse, Rita, un moulin à Saint-Augustin, près de Faremoutiers, où il travaillait dans le calme et la nature. Au moment où nous lui avons rendu visite il mettait la dernière main aux vingt-quatre eaux-fortes de son *Hamlet,* livre de bibliophile qu'il « porta » des années, avant de le voir publié chez Vialetay, en 1965.

Vercors et Rita vécurent quarante ans dans ce « vieux moulin briard », jusqu'à ce que le grand âge oblige l'écrivain à quitter son moulin des Îles. Pendant ces nombreuses années, il prenait ses « quartiers d'hiver » à Paris, dans une ancienne imprimerie du quai des Orfèvres, qu'il aménagea avec habileté et avec goût au point d'en faire un pied-à-terre confortable – mais dénué de tout luxe.

Le 8 mai 1998, pour le cinquante-troisième anniversaire de l'armistice de 1945, un hommage a été rendu à l'auteur du *Silence de la mer* par les communes de Villiers-sur-Morin et de Saint-Germain-sur-Morin[3]. À cette occasion, une plaque commémorative a été apposée sur la maison de la rue du Touarte, où vécut Vercors. Le pont de Villiers a reçu le nom de pont Vercors, et la bibliothèque de Saint-Germain-sur-Morin celui de bibliothèque Vercors.

Il serait d'une grande injustice de ne retenir de l'écrivain que *le Silence de la mer.* Sa maîtrise de l'art d'écrire se retrouve dans *les Armes de la nuit,* le

3. Plusieurs plaquettes commémoratives ont été éditées à cette occasion.

Portrait d'une amitié, comme dans des modes d'expression aussi divers que *les Animaux dénaturés, Zoo, Sylva,* ou encore *Plus ou moins homme,* où se font jour ses interrogations sur les origines de l'humanité et son besoin d'explorer la préhistoire. Et si, en littérature, on reste souvent l'auteur d'un seul livre, toute son œuvre, pourtant, est bien vivante, reflétant à la fois son authenticité et son humour teinté d'ironie. Dans le très beau *Portrait d'une amitié,* Vercors évoque une rencontre, celle du général Brosset, qui mourra accidentellement en 1944, en traversant le Rhin en jeep. Cette amitié continuera, par-delà cette mort, à vivre intensément en lui. Maurice Druon, qui considérait ce texte comme un chef-d'œuvre, l'évoqua ainsi lorsqu'il rendit hommage à Vercors l'année de sa mort, en 1991 :

« Ce qui nous liait, sans trop nous le dire, Vercors et moi, c'était cette rencontre d'affection pour un officier intrépide, intuitif et pensant ; c'était le regret de cette amitié tranchée. S'il arrive aux âmes, après la mort, ce qu'elles ont cru, je veux imaginer que Vercors et Brosset, aujourd'hui réunis, jouissent de la paix lumineuse à laquelle ont droit les chevaliers des grandes batailles, des armes et de l'esprit, les batailles pour la dignité de l'homme. » ■

Portrait d'une amitié

Ô vie longue à vivre, si brève à se souvenir. Ainsi plus brève d'année en année, à mesure qu'elle cesse d'être une chaîne de jours pour n'être plus qu'une trame de souvenirs. Les souvenirs eux-mêmes s'usent, la trame s'allège, n'est que fils clairsemés – écarlates ou sombres.

De cette poignée qui me reste, toujours je tire le même fil, c'est lui toujours que mes doigts rencontrent. Ah ! c'est que sans doute aussi il est étrange et pur plus qu'aucun autre. Ce fil d'un seul jour. Long et solide pourtant, et d'une couleur éclatante. Car à ce jour est attachée toute une part de ma vie – peut-être la plus précieuse. On parle beaucoup de l'amitié : ce n'est pas encore assez. Combien entre-t-il de nous-même dans l'homme que nous sommes ? Si peu… Abandonné vagissant sur une île déserte, que serais-je aujourd'hui ? Un anthropoïde moins évolué que l'homme de la pierre. Tout mon savoir n'est que tradition accumulée. Il a fallu des milliers de siècles et autant de milliards d'êtres humains pour faire de moi celui-ci qui parfois se figure que ses pensées ne sont qu'à lui…

Cet humain qui chaque jour se fait, – que chaque jour fait, que chaque être approché aide à faire ou

La maison de Vercors à Villiers-sur-Morin, dessinée par lui-même. Il y vécut de 1931 à 1948 et c'est en ce lieu qu'il écrivit le Silence de la mer *et* la Marche à l'étoile.

défaire : qui l'a aidé plus que toi, Diego ? De quelle amitié ai-je tiré plus de richesses ? Ce que ce jour lointain de septembre, ce que ce jour d'entre les jours m'a apporté, moi seul et Dieu le savons.

Aujourd'hui me voici seul. Te voici du côté de Dieu. Et je ne connaîtrai jamais l'homme que j'eusse été si je t'avais conservé. Je ne le connaîtrai jamais : cet homme-là est mort avec toi.

Naissance d'une amitié : fils qui un à un se nouent, idées, goûts, sentiments qui parfois se ressemblent, parfois s'opposent, mais toujours mystérieusement s'attirent, patiente croissance, lente habitude, souvenirs jours après jour partagés... rien, de cela entre nous Diego : un seul jour. Un jour, un seul jour éclatant et singulier. Et toute ma vie changée, en un seul jour enrichi de toi, de cet être fabuleux qui fut toi. (En un seul jour aussi, hélas, privé de toi, et désormais la terre à jamais manque à ma droite.)

Oui, l'histoire de notre amitié – l'histoire de sa naissance – fut celle d'un seul soleil. Ensuite… Quel temps avons-nous passé l'un près de l'autre ? Combien de jours en quinze ans ? Cent peut-être – pas plus. Dix eussent suffi, autant que mille. L'histoire est ailleurs. Elle n'est pas dans l'habitude, ou les idées communes, ou les souvenirs partagés. Ah, elle est mystérieuse. C'est un fleuve caché. Mais le cours s'en devine à la végétation luxuriante qui en révèle, à la surface de la terre, les méandres secrets…

VERCORS
Préface du livre de Diego Brosset
Un homme sans l'Occident

« Les Rhinocéros campent devant mes fenêtres, ils ont troué d'inquiétude mon paysage familier. Maintenant je sais leur victoire inéluctable. »
Les HLM*, qu'Armand Lanoux évoque ainsi, lui feront quitter Chelles pour Champs-sur-Marne.*

DE CHELLES À CHAMPS-SUR-MARNE

ARMAND LANOUX, ENTRE SYLVIE ET LES RHINOCÉROS

par Christian de BARTILLAT

Armand Lanoux, que j'ai bien connu avec son charme gouailleur et son sourire en coin, est natif ou presque de Chelles, une cité qui se trouve à la limite nord-ouest de la Seine-et-Marne, qui avait cinq mille habitants au début du siècle dernier et dix fois plus à la fin.

Il nous dit lui-même : « Les Rhinocéros [les HLM] campent non loin de mes fenêtres... Ils se sont installés là, je ne sais plus quand. Le matin, éclairés par le levant, ils se dressent livides. Ils ont troué d'inquiétude mon paysage familier. Leur calme puissance me fait penser à la force des glaciers, apparemment immobiles comme eux... Je guette lentement leur progression. Qu'en dirait Hugo, qui aimait ces lieux :

J'aime Chelles et ses cressonnières
Et le doux tic-tac de ses moulins

Les Rhinocéros n'ont l'air de rien... Longtemps j'ai cru que je pourrais leur échapper. Maintenant je sais leur victoire inévitable. » Et Armand Lanoux finit par quitter les lieux qu'il aimait pour habiter sa nouvelle demeure, « Écoute s'il pleut », à Champs-sur-Marne.

À ces Rhinocéros, Armand Lanoux oppose leur douce ennemie, Sylvie, qui représente « l'île de France » : « "Moi je m'appelle Sylvie, dit-elle. Mon parrain est Gérard de Nerval. Comme mon prénom l'indique, je suis fille de la forêt, cette couronne verte qui entoure Paris... Je suis très vieille : j'ai dix-huit ans depuis l'an mille." Sylvie, c'est l'héroïne même de ce pays qui traîne sur les bords de la Marne les perruques charmantes des saules, de ce pays de lierre et de trèfle. Cette Marne paresseuse qui roule capricieuse et indomptée entre ses îles mortes… »

« Il y a plus de quarante ans que j'habite Chelles, ajoute Lanoux, dans une conférence prononcée le 12 avril 1957 à la Société archéologique et historique de cette ville. Toute l'histoire occidentale semble s'y dérouler. » En effet, Chelles est la capitale de la préhistoire. C'est là que l'abbé Bonno découvrit dans les ballastières les restes des « monstres de l'époque chellienne ». Il suffit de monter sur la « Montagne », de cinquante mètres, pour découvrir le dessin original de cette Marne où venaient boire les éléphants, où fut assassiné Chilpéric, sanglant roi de cartes, roi rouge, et qui est la frange extrême de la bataille de la Marne arrêtée à vingt kilomètres du fort de Chelles, clé de Paris.

Nous sommes cousins très proches… de ce mouchoir de poche, île des Français, et nos compagnies de tireurs à l'arc allaient, il n'y a pas si longtemps encore, rendre solennellement le bouquet non seulement à Othis chez Gérard de Nerval, à Ermenonville, à Dammartin, mais ici même. Corot dirait, en outre, que pour goûter les paysages où nous vivons, « il faut au moins la patience d'attendre que la brume se lève ».

Quant à ceux qui se sont installés à Chelles depuis 1900, ils sont ceux qui ont refusé la proximité de l'usine, les amoureux de la nature, les pêcheurs, les retraités, les canotiers. Puis le centre de gravité est devenu Chelles-la-Gare, et non plus le vieux village. « De surcroît, ajoute Lanoux, Chelles est devenue la patrie des interdits de séjour, des étrangers de tous pays et des mauvais garçons, et nous avons vu arriver une population de réfugiés traqués dans leur pays d'origine, dont les sédimentations successives ont continué à donner à la vieille cité mérovingienne disparue le caractère le plus particulier et le plus déroutant de cosmopolitisme, comme les Italiens ou Ritals (ancêtres de Cavanna), les Russes, ou les Allemands, créant des noyaux hétérogènes. »

Armand Lanoux, né en 1913, évoquera dans plusieurs ouvrages son enfance de Chelles et des alentours entre les deux guerres. Hervé Bazin, son voisin, dira devant sa tombe en mars 1983 : « Nous avons publié en même temps notre premier roman, toi *la Classe du matin* [écrit en 1937 et publié en 1949] et moi *Vipère au poing,* car nous nous sommes retrouvés à trois, Clavel, toi et moi, dans cette bourgade tranquille au bord de la Marne, écrivains néoréalistes, ce qui nous a valu d'être réunis par certains critiques sous l'appellation d'"école de Chelles". »

Armand Lanoux a écrit trois romans qui ont pour cadre la Seine-et-Marne, *la Classe du matin, la Canadienne assassinée* et *le Pont de la Folie*[1], dont nous allons citer des passages d'exception. Toute l'action se passe dans l'environnement de Chelles, une cascade de meurtres s'y déroule dans un milieu de forains autour de la rivière « vedette », dans un réseau de cafés interlopes, de maisons croulantes ou plus ou moins hantées, de part et d'autre d'un pont aux mystères.

Ce roman avait été publié avant qu'Armand Lanoux ne devienne, en 1963, un auteur « phare » avec le prix Goncourt, puis le président de cette académie. ■

1. *La Canadienne assassinée* et *le Pont de la Folie,* Les Presses du village, 2001.

Le Pont de la Folie, agréable en été avec ses jardinets fleuris, ses maisons jouets et sa verdure, redevient à l'automne une campagne sans confort, guettée par les inondations, la boue des rues, le retard des trains, le mauvais éclairage et les menus ennuis qui font de la banlieue en hiver une sorte de faubourg détaché, une zone où la nature prend sa revanche sur le citadin assoiffé d'air qu'elle avait si gentiment conquis au printemps.

Octobre amena les pluies. Abandonnées des promeneurs, les berges de la Marne se guérissaient des outrages citadins. Le Pont de la Folie perdait ses feuilles. Les fûts noirs des peupliers et les troncs baroques des saules pointaient vers le ciel, les villas de plaisance étaient closes. Pour sept mois, le Pont de la Folie s'endormait. [...] La fête avait démonté ses mâts, plié ses accessoires clinquants et ses bâches bariolées, et les forains hivernaient disséminés. Le Pont de la Folie se resserrait doucement sur lui-même, comme ces étoffes de basse qualité qui rétrécissent au lavage.

Le café de la Rouquine était perché sur une hauteur qui dominait le Pont de la Folie. Il faisait partie d'un groupe de maisons neuves construites en brique et en parpaing, dans le parc désaffecté d'une vieille propriété seigneuriale, le Château-Rose.

Pour atteindre le Château-Rose il faut passer sur des ponceaux de deux affluents de la Marne, miruisseaux, mi-égouts, qui portent les jolis noms de rivière des Dames et de rivière des Hommes. [...] Sitôt la rivière des Hommes franchie, vague grenouillère où rouillent des grilles désaffectées, des objets ménagers hors d'usage et des boîtes de conserve, le sol se relève en une montée abrupte que couronne entre les peupliers, la silhouette gracieuse du Château-Rose. [...]

Le bal musette-tabac de la Rouquine occupait l'aile gauche du Château-Rose. Cet établissement était fréquenté par une clientèle variée dont les représentants les plus ordinaires étaient les mécanos qui filaient depuis le matin par le premier train vers Billancourt, les plâtriers des environs, pierrots pâles même bien lavés par le rinçage à grande eau du samedi, les sidis danseurs à la démarche feutrée, employés sur la voie ferrée, et toutes les petites bonnes, petites mains, dactylos et coiffeuses, filles légères du Pont de la Folie. [...]

L'orchestre se composait de l'indispensable accordéon, d'une caisse sur laquelle un artiste local avait peint une tête de nègre Banania qui rigolait, d'un piano et d'un saxo qui tirait des sons étranglés de son instrument merveilleusement luisant... C'était le vrai musette, canaille et doux, qui faisait voguer les garçons et rouler les filles vers un bonheur de carte postale.

La salle était ornée d'affiches de vedettes inconnues et de photographies signées de boxeurs, qui se détachaient sur le plâtre écaillé.

La Rouquine n'aimait pas les incidents. Elle menait son affaire avec autorité.

Armand LANOUX
Le Pont de la Folie

Jean Perrin raconte ainsi l'exécution de cet autoportrait par son ami le peintre Jean Commère : « Je l'ai vu, car je voyais ses gestes dans une vitre, peindre d'abord les yeux, le nez et la bouche, et comme je lui en faisais la remarque, il me dit : "C'est le plus important. Le reste vient de lui-même." Et j'ai été émerveillé en pensant que c'était les premières choses qui disparaissaient dans la mort. »

FAREMOUTIERS

JEAN PERRIN, POÈTE DE LA LUMIÈRE

par Dominique CAMUS

La cloche tinte au portail du presbytère. Jean Perrin apparaît sur les marches du perron, grand, svelte, soutane au vent, le regard profond comme celui de ceux qui ont entamé depuis longtemps un dialogue entre le dehors et le dedans. Des êtres qui ont la foi se dégage une sérénité qui me trouble toujours ; de plus, je sais Jean Perrin poète, ce qui me touche d'autant. Un bouquet de myosotis est une présence discrète dans son bureau-bibliothèque aux murs couverts de livres, d'estampes, de dessins, de tableaux. Nombreux sont les livres dédicacés par ses amis poètes, écrivains, artistes. Très vite, j'ai la sensation d'entrer chez un bibliophile, chez un abbé pas comme les autres.

« Mon père, qu'est-ce qui a fait de vous un abbé poète ?

– Ma mère et ma marraine m'ont raconté que, dès l'âge de quatre ou cinq ans, j'avais dit vouloir être prêtre comme le petit Jésus et que je m'étais allongé par terre les bras en croix. Cette vocation, née à l'aube de ma vie, je ne me la suis jamais expliquée.

« De 1920 à 1924 j'ai été à la maîtrise de Notre-Dame. Ces années représentent un moment exceptionnel de ma vie. Nous faisions partie des pierres, je peux même dire qu'on respirait les pierres. Je me souviens qu'un soir, à la Toussaint, on chantait dans la cathédrale et qu'à cet instant j'ai éprouvé un bonheur physique extraordinaire. Quand ensuite je suis arrivé au petit séminaire de Meaux, ce n'était pas du tout la même chose. La dimension ressentie à Notre-Dame s'était évanouie. En 1927, je suis entré au grand séminaire de Meaux ; j'ai été nommé vicaire à Provins, puis à Chevry-Cossigny. Curé de Faremoutiers et de Pommeuse depuis 1945, j'en suis toujours le desservant. Le fait que je sois resté en ce même lieu surprend souvent. Pourquoi aurais-je changé ? J'aimais Faremoutiers. Il n'y a pas si longtemps j'ai baptisé un enfant dont j'avais baptisé la grand-mère !

– Vous avez donc une longue histoire avec cette ville, née il y a treize siècles, dans l'ombre de l'abbaye de Sainte-Fare ?

– Rapidement je me suis intéressé à son passionnant passé. J'ai travaillé avec des historiens et nos travaux ont abouti au classement de l'église. Jonas de Bobbio, disciple de Bède le Vénérable, et comme lui historien de la France monastique de l'époque mérovingienne, est le premier à avoir parlé de Faremoutiers.

– Vous avez écrit l'*Histoire poétique et littéraire de Faremoutiers*.

– Oui ! et elle est très riche, mais je vais enjamber les siècles pour évoquer Faremoutiers au XIXe siècle, une époque où dans les châteaux de la Tuilerie et des Tourelles, qui existent encore, se côtoyèrent artistes et écrivains. Le premier fut acheté par Constant Coquelin, qui s'y reposait de *Cyrano* et s'entraînait à camper le personnage de Chantecler, qu'Edmond Rostand avait écrit pour lui. Le second fut de 1892 à 1907 l'un des phares culturels de notre région. Habitée par Léon Blondel, compagnon d'études de Jean Richepin et de Raoul Ponchon, qui vivaient aux Tourelles aux frais et

Le presbytère de Faremoutiers.

aux dépens du propriétaire, cette demeure vit défiler maints personnages célèbres. Les filles de Léon Blondel m'ont remis une valise entière de courrier de Richepin, principalement à Blondel, consultable aux archives départementales, où j'ai déposé ces lettres classées sous la cote « Papiers Perrin ».

– Vous aimez la musique, et vous avez bien connu le pianiste Yves Nat.

– Il a passé deux étés à Faremoutiers. Dès que j'ai appris l'arrivée de ce virtuose, je suis allé déposer une rose sur le rebord de sa fenêtre. Quelques instants plus tard je le rencontrais. Ce fut un moment extraordinaire. Vous savez, l'amitié n'a pas besoin de grande déclaration. Je crois que l'amitié se respire. Tous les soirs je passais le voir et j'avais un récital. Que d'instants délicieux j'ai passés en sa compagnie. Après sa mort nous avons, sa femme et moi, étudié ses agendas, où étaient inscrites une très grande quantité de notes. Je les ai sélectionnées et elles ont été éditées sous le titre *les Carnets d'Yves Nat.*

– Un abbé poète, c'est rare…

– J'ai commencé à écrire en 1932. Un jour de 1947, sur le conseil d'amis, j'ai envoyé à Paul Fort mes poèmes. Illico il me répondit ceci : *"C'est moi qui vous attends à Paris, heureux, très heureux d'accueillir, mains vers vous, cœur ouvert, un très authentique poète, car il faut l'être pour écrire (ou je ne m'y connais pas) : 'Vêpres sonnent à l'abbaye / Que l'on disait jadis le promenoir des Anges.' Vous devriez composer tout un livre avec ce titre,* le Promenoir des Anges. *Si vous ne le faites pas, je le ferai. Tant pis pour vous, mon cher abbé qui laisse dans le secret des merveilles."*

« Et Paul Fort ajouta : "Publiez ! Publiez ! Il n'y aura pas que moi pour applaudir, pour aimer : vous aimer. Maintenant, cher poète, amis que nous sommes, devenons complices… envoyez-moi d'autres œuvres." Ainsi commença notre longue et profonde amitié. À Paris, nous nous promenions bras dessus, bras dessous, comme de vrais complices en poésie. Quant à la poésie, vis-à-vis de mon diocèse, je ne voulais pas me mettre en marge. Un abbé poète ! est-ce sérieux ? Un abbé historien oui, très bien, et il y en a de nombreux, mais, vous savez, la poésie n'est pas prise au sérieux ; pour beaucoup c'est un passe-temps. Si vous n'êtes que poète, on ne vous considère pas comme un écrivain. Ce n'est pas important. Quand les poètes recevaient une pension, leur poésie se dénaturait. Prenez le cas de Ronsard. Admirable dans *Cassandre* et *Hélène*, indigeste dans *la Franciade !*

« Vous me demandez de tenter de définir la poésie. Écrire, je le fais pour mon bon plaisir. Curieusement, les moments où j'écris le plus, où les idées viennent, ce sont les moments où je suis le plus occupé. La plume, alors, court d'elle-même ; le premier jet est peut-être informe, comme l'eau qui jaillit spontanément de la source tant qu'elle n'est pas canalisée. Mais la poésie n'est pas une mise en forme, c'est une manière de laisser couler ce qui est en soi.

« L'histoire, on ne peut en parler de façon romantique ; tandis qu'en poésie on peut chanter avec les mots. La poésie est déroutante, elle agace parce que l'on n'arrive pas à la cerner. Pour moi, la poésie a été un surgeon de la vocation sacerdotale, de la formation intellectuelle des professeurs que j'ai eus. Je ne sais pas si j'ai envie que mes écrits restent. Paul Fort, il est vrai, m'en a pressé. Mon ami l'abbé Girod de l'Ain possédait un manuscrit de Mallarmé, une première version. Puis Mallarmé l'a retouchée, il n'y avait plus le même souffle poétique. L'écriture était devenue une fabrication cérébrale.

« Vous savez, la poésie c'est comme la harpe ou le piano, le ton vous donne une harmonie, qui renvoie à une autre harmonie, et ainsi de suite. Une impression poétique peut être très grande et n'avoir qu'une seule ligne. Un seul exemple. Dans *la Nuit d'étoile,* de Paul Fort : « *Dieu s'éclaire, il ajoute à sa transparence* ». N'est-ce pas une impression merveilleuse ? L'instinct poétique, je le dois entre autres à la maîtrise de Notre-Dame et aux Psaumes, que je lis tous les jours. Ils sont la partie essentielle de l'office, et ces cent cinquante psaumes sont en réalité cent cinquante poèmes. Ce n'est pas le

Jean Perrin et Paul Fort, en 1947.

même esprit, mais il y a le rythme du verbe et la musicalité du mot, cela compte énormément. Il ne faut pas oublier que ce sont les prières prononcées par le Christ dans le temple de Jérusalem. Quand mes pairs me disent que je perds mon temps avec la poésie, je leur réponds : « *Dieu qui marche sur les ailes du vent...* » Vous l'avez lu dans votre bréviaire ? N'est-ce pas une impression poétique ?

« Pour moi, il y a des mots pivots : Amour, Beauté, Lumière. On les retrouve dans les Psaumes et les Hymnes. Ce sont des mots racines, dans la poésie. Vous les coupez et il y a de multiples tiges qui repoussent. Ils reviennent très souvent dans mes poèmes. C'est comme l'allusion que je faisais aux instruments qui produisent à l'infini des harmonies différentes. Les cadences imprévues du poème me font penser à l'aventure des arbres, au caprice des orientations fantasques des branches neuves qui poussent dans tous les sens. »

L'œuvre de Jean Perrin est en grande partie irradiée par les Saintes Écritures. Dans *les Vigiles toscanes, le Domaine enchanté, Notules des îles de lumière* et *Variations sur les heures de clarté,* une écriture pure et lumineuse et cet émerveillement devant le spectacle de la nature m'ont révélé l'authentique poète. En refermant la porte du presbytère, j'étais heureuse d'avoir découvert un abbé poète qui, à 91 ans, garde encore dans son chant intérieur l'émerveillement de la petite enfance.

En exergue de son recueil *la Colline d'ivoire,* Jean Perrin écrit : « Dans le même temps où J. B. Bossuet célébrait Faremoutiers comme “cette sainte Montagne que Dieu avait choisie depuis mille ans”, des mystiques pensèrent trouver à l'antique Eburiacum – qui fut le nom gallo-romain de cette colline où, plus tard, sainte Fare fonderait son moutier – une parenté avec *ebur,* l'ivoire latin. »

Fût-elle contresens mystique, qu'elle soit et nous reste la poétique Colline d'ivoire. ■

Le moutier de Sainte-Fantaisie

Puisque nous sommes tous les deux, je te dirai
L'histoire du moutier[1] de Sainte-Fantaisie.
Certain, qui en connaît le nom, grille d'envie
De le visiter. L'autre insinue : « Il paraît

Que c'est une sainte apocryphe ? » Et, pour un peu
Il dresserait, pour m'y brûler comme hérétique,
Un bûcher… L'autre la croit. Fille poétique,
Née au coin d'un sourire ou bien d'un songe-creux ?

Laisse-les à leur doute et viens ! Mais jure-moi
Sur le Couchant de mauve et sur l'Aube d'ivoire
Que tu n'en souffleras mot à quiconque, voire
À tes amis. Promis ?… C'est bon ! Viens donc et vois :

Ce moutier n'a pour murs que le lointain
des champs,]
Pour cloîtres que le ciel – et pour seuls lampadaires
Que le soleil, la lune ou les rondes stellaires, –
Et pour orgues enfin, que la mer et les vents.

Mais nul ne sut me dire à quel siècle il naquit.
On croit que sa première pierre en fut posée
Un jour où Dieu prêchait aux oiseaux de Judée.
Puis que, pendant mille ans. Il en ferma l'huis,

Jusqu'aux temps où, enfin, Il envoya rôder
Certain François sur les Collines de l'Ombrie
Qui parla comme un frère aux herbes des prairies,
Aux moineaux, aux poissons, et se mit à chanter

1. Terme ancien pour monastère.

Avec un tel amour, le matin et la nuit,
La rosée et les fleurs, les astres, la Grande Ourse,
Le soleil, les vallons, les grillons et les sources
Que Dieu l'en fit pour toujours le Gardien. Or, Lui,

Le cœur, ivre d'amour et de clarté, s'en fut
Au Paradis, suivi d'un cortège de bêtes,
De murmures des bois, de chansons de poètes :
En quête de son moutier de rêve, perdu

Dans les légendes. Et, depuis, on y entend
(Dès que l'aube à l'affût rampe dans les futaies,
Jusqu'à l'heure où le soir s'embrouille dans les haies),
Tout ce qui vit au monde : CHANTER tout le temps.

Mais, de peur que les gens toquent trop fort du doigt
Leurs cœurs de poète, et les fêlent ou les saignent,
Les moinillons de Sainte-Fantaisie éteignent
Leurs psaumes de Beauté, aussitôt que l'on voit

Les savants, plume en main, bésicles sur le nez,
S'en venir les citer et tenir leurs assises
Dans les prés où descend, dans l'herbe et les cytises,
Se rouler le soleil, et la nuit s'embaumer.

Puis, quand ils sont partis en dissertant de pieds,
De rimes, de vers, mes moinillons se grisent
D'être plus que jamais les fils des paix promises
Aux Bonnes Volontés qui n'ont d'autres métiers

Que d'écouter leur âme – ou de s'énamourer
De l'eau qui court, du vent qui rit, du feu qui danse,
Ou de broder enfin des langes de silence :
Pour les Noëls du Verbe et du printemps doré.

Jean PERRIN
La Colline d'ivoire

À Mauperthuis, Théophile Gautier écrit ses premières poésies et peint plusieurs tableaux. Son roman Mademoiselle de Maupin *a pour cadre principal le château des Coteaux.*

MAUPERTHUIS

GAUTIER ET LES PETITS PAYSAGES À LA MANIÈRE DES FLAMANDS

par Claudine LACOSTE

Grâce à l'appui de l'abbé de Montesquiou, alors ministre de l'Intérieur, le père de Théophile Gautier obtint sa nomination de chef de bureau à l'octroi de Paris. La famille quitte Tarbes en 1815 – le jeune Théophile est alors âgé de quatre ans – et s'installe à Paris dans le Marais. Gautier connut donc très jeune l'enfance d'un petit Parisien, ce qui explique l'importance que va revêtir pour lui l'évasion vers la campagne, seuls voyages effectués par la famille – car il s'agissait bien d'un véritable « voyage ».

Le but en était tout désigné : encouragés par l'abbé de Montesquiou, qui estimait que le jeune Théophile, fort pâlot, avait besoin de l'air vivifiant de la campagne, Mme Gautier et ses enfants passaient l'été à Mauperthuis, à quelques kilomètres de Coulommiers. Mme Gautier y était née, y avait passé son enfance, et elle y retrouvait une de ses sœurs. Leur père, Jacques Cocard, avait été vers 1750 intendant du château du comte de Montesquiou, puis en 1777 substitut du procureur fiscal du bailliage de Coulommiers. La famille Gautier logeait chez une brave femme, la mère Louise, qui avait connu la famille Cocard, et qui habitait la maison voisine du presbytère, ancienne maison de charité construite par les soins du marquis de Montesquiou.

Véritable voyage à l'époque, disions-nous. Quitter

Paris au milieu des maraîchers et des embarras divers demande au moins deux heures pour atteindre la barrière du Trône, au rythme d'une voiture qui a du mal à se frayer son chemin. Le trajet nécessite une étape nocturne dans une auberge, et le départ le lendemain matin se fait dans la fraîcheur de l'aube d'été. L'adolescent, très heureux, s'arroge la fonction d'« historien » de cette aventure et, pour être à même de tout observer, se poste fièrement sur le devant de la voiture.

À Mauperthuis, cependant, la vie est sans histoire : les jeux entre cousins et enfants du village, les promenades et les rêveries bucoliques dans un paysage aux lignes douces conviennent parfaitement à un jeune poète déjà tout imprégné de la lecture des poètes antiques, grâce à ses solides études classiques. La légende prête à l'adolescent une idylle avec une jeune villageoise, Hélène, mais qui a gardé son mystère : on n'a d'elle que quelques allusions dans les premières poésies de Gautier, déjà très discret et très pudique dans ses épanchements. Il s'adonne à la poésie et profite de ses loisirs pour peindre ; mêlé à la vie du village, il fait le portrait des autochtones, le boucher et la bouchère par exemple. Il peint également une grande toile, *Saint Pierre guérissant un paralytique,* qui prendra place dans l'église de Mauperthuis, où l'on peut encore la voir aujourd'hui.

Toujours est-il que ces séjours à Mauperthuis ont marqué sa sensibilité, et l'on en retrouve des échos dans l'ensemble de son œuvre, même si la nature n'y a pas occupé la place majeure. Voici comment il décrit en 1832 cette « belle campagne » :

Ce sont de petits paysages à la manière des

Les Coteaux. « Rien au monde n'est plus pittoresque. La route plonge dans une vallée assez étroite, dont le fond est occupé par une rivière. La rivière s'élargit, à cet endroit, de façon à former un petit lac. Le château est de l'autre côté. » (Mademoiselle de Maupin)

Flamands, d'une touche tranquille, d'une couleur un peu étouffée ; ni grandes montagnes, ni perspectives à perte de vue, ni torrents, ni cataractes. Des plaines unies avec des lointains de cobalt, d'humbles coteaux rayés, où serpente un chemin, une chaumière qui fume, un ruisseau qui gazouille sous les nénuphars, un buisson avec des baies rouges, une marguerite qui tremble sous la rosée. Un nuage qui passe jetant son ombre sur les blés, une cigogne qui s'abat sur un donjon gothique. Voilà tout ; et puis, pour animer la scène, une grenouille qui saute dans les joncs, une demoiselle jouant dans les rayons de soleil, quelque lézard qui se chauffe au midi, une alouette qui s'élève d'un sillon, un merle qui siffle dans une haie.

Les traces les plus visibles de cette imprégnation

profonde se trouvent dans ses premières *Poésies,* parues en 1830, et surtout dans son roman *Mademoiselle de Maupin,* paru en 1836, dont la partie essentielle de l'action se situe au château des Coteaux[1], et dont les descriptions de l'extrait choisi sont si fidèles qu'aujourd'hui encore on peut refaire l'itinéraire des personnages.

Ce roman est resté célèbre par sa préface, dans laquelle le jeune romancier fustige avec une verve éclatante les tabous moralisateurs de la société bien-pensante de la monarchie de Juillet et réclame la liberté absolue de l'artiste : seuls comptent son art et sa sincérité. Le roman porte le sous-titre provocateur de « Double amour » et il évoque les amours de deux jeunes femmes. Mais l'essentiel est ailleurs : le héros principal est un poète épris d'un absolu qui ne peut se figurer que dans l'amour ; très marqué par le platonisme, il rêve de « retrouver » la femme idéale qui incarnera la perfection et avec laquelle il vivra le rêve d'une fusion totale, représenté par l'androgyne de Platon. Le roman suit les étapes de cette quête, qui sera couronnée de succès. ■

1. Le château était devenu, jusqu'à une époque récente, le collège du Paraclet.

Sais-tu que voilà cinq mois – oui, cinq mois, tout autant cinq éternités – que je suis le Céladon en pied de Mme Rosette ? Cela est du dernier beau. La chère enfant, qui s'est bien trouvée l'autre jour du système champêtre, m'a emmené hier à la campagne.

Il ne serait peut-être pas hors de propos que je te fisse une petite description de la susdite campagne, qui est assez jolie. [...] Rien au monde n'est plus pittoresque.

On arrive, par une grande route bordée de vieux arbres, à une étoile dont le milieu est marqué par un obélisque de pierre surmonté d'une boule de cuivre doré : cinq chemins font les pointes ; puis le terrain se creuse tout à coup. La route plonge dans une vallée assez étroite, dont le fond est occupé par une petite rivière. [...] La rivière s'élargit, à cet endroit, de manière à former un petit lac, et le peu de profondeur permet de distinguer, sous la transparence de l'eau, les belles plantes aquatiques qui en tapissent le lit. Ce sont des nymphéas et des lotus, qui nagent nonchalamment dans le plus pur cristal avec les reflets des nuées et des saules pleureurs qui se penchent sur la rive. Le château est de l'autre côté. [...] C'est un assemblage de bâtiments construits à différentes époques, avec des pignons inégaux et une foule de petits clochetons. [...]

Nous y arrivâmes à la tombée du jour ; et, comme

Le château des Coteaux. « C'est un assemblage de bâtiments construits à différentes époques, avec des pignons inégaux et une foule de petits clochetons. Malgré ce manque de régularité, ou plutôt à cause de ce manque de régularité, l'aspect de l'édifice est charmant. »

nous étions las, après avoir soupé de grand appétit, nous n'eûmes rien de plus pressé que d'aller nous coucher (séparément, bien entendu), car nous avions l'intention de dormir sérieusement.

Je faisais je ne sais quel rêve couleur de rose, plein de fleurs, de parfums et d'oiseaux, quand je sentis une tiède haleine effleurer mon front, et un baiser y descendre en palpitant des ailes. Un mignard clappement de lèvres et une douce moiteur à la place effleurée me firent juger que je ne rêvais pas : j'ouvris les yeux, et la première chose que j'aperçus, ce fut le cou frais et blanc de Rosette qui se penchait sur le lit pour m'embrasser.

Je lui jetai mes bras autour de la taille et lui rendis son baiser plus amoureusement que je ne l'avais fait depuis longtemps.

Elle s'en fut tirer le rideau et ouvrir la fenêtre, puis revint s'asseoir sur le bord de mon lit. [...] Son habillement était de la simplicité la plus coquette. Elle était sans corset, sans jupon, et n'avait absolument sur elle qu'un grand peignoir de batiste blanc comme le lait, fort ample et fort plissé ; ses cheveux étaient relevés sur le haut de sa tête avec une petite rose blanche de l'espèce de celles qui n'ont que trois ou quatre feuilles ; ses pieds d'ivoire jouaient dans des pantoufles de tapisserie de couleurs éclatantes et bigarrées, mignonnes au possible, quoiqu'elles fussent encore trop grandes. Je regrettai, en la voyant ainsi, d'être son amant et de ne pas avoir à le devenir.

Le rêve que je faisais au moment où elle est venue m'éveiller d'une aussi agréable manière n'était pas fort éloigné de la réalité. Ma chambre donnait sur le petit lac que j'ai décrit tout à l'heure. Un jasmin encadrait la fenêtre et secouait ses étoiles en pluie d'argent sur mon parquet : de larges fleurs étrangères balançaient leurs urnes sous mon balcon comme pour m'encenser ; une odeur suave et indécise, formée de mille parfums différents, pénétrait jusqu'à mon lit, d'où je voyais l'eau miroiter et s'écailler en millions de paillettes ; les oiseaux jargonnaient, gazouillaient, pépiaient et sifflaient : c'était un bruit harmonieux et confus comme le bourdonnement d'une fête. En face, sur un coteau éclairé par le soleil, se déployait une pelouse d'un vert doré, où paissaient, sous la conduite d'un petit garçon, quelques grands bœufs dispersés çà et là. Tout en haut et plus dans le lointain, on apercevait d'immenses carrés de bois d'un vert plus noir, d'où montait, en se contournant en spirales, la bleuâtre fumée des charbonnières.

Tout dans ce tableau était calme, frais et souriant, et, où que je portasse les yeux, je ne voyais rien que de beau et de jeune. Ma chambre était tendue de perse avec des nattes sur le parquet, des pots bleus du japon aux ventres arrondis et aux coins effilés, tout pleins de fleurs singulières, artistement arrangés sur les étagères et sur la cheminée de marbre turquin, aussi remplie de fleurs ; des dessus de portes, représentant des scènes de nature champêtre ou pastorale d'une couleur gaie et d'un dessin mignard, des sofas et des divans à toutes les encoignures ; – puis une belle et jeune femme tout en blanc, dont la chair rosait délicatement la robe transparente aux endroits où elle la touchait : on ne pouvait rien imaginer de mieux entendu pour le plaisir de l'âme, ainsi que pour celui des yeux.

Aussi mon regard satisfait et nonchalant allait, avec un plaisir égal, d'un magnifique pot tout semé de dragons et de mandarins à la pantoufle de Rosette, et de là au coin de son épaule qui luisait sous la batiste ; il se suspendait aux tremblantes étoiles du jasmin et aux blonds cheveux des saules du rivage, passait l'eau et se promenait sur la colline, et puis revenait dans la chambre se fixer aux nœuds couleur de rose du long corset de quelque bergère.

À travers les déchiquetures du feuillage, le ciel ouvrait des milliers d'yeux bleus ; l'eau gazouillait tout doucement et, moi, je me laissais faire à toute cette joie, plongé dans une extase tranquille, ne parlant pas, et ma main toujours entre les deux petites mains de Rosette.

On a beau faire : le bonheur est blanc et rose ; on ne peut guère le représenter autrement. Les couleurs tendres lui reviennent de droit. Il n'a sur sa palette que du vert d'eau, du bleu de ciel et du jaune paille. Ses tableaux sont tout dans le clair, comme ceux des peintres chinois. Des fleurs, de la lumière, des parfums, une peau soyeuse et douce qui touche la vôtre, une harmonie voilée et qui vient on ne sait d'où, on est parfaitement heureux avec cela ; il n'y a pas moyen d'être heureux différemment. Moi-même, qui ai le commun en horreur, qui ne rêve qu'aventures étranges, passions fortes, extases délirantes, situations bizarres et difficiles, il faut que je sois tout bêtement heureux de cette manière-là, et, quoi que j'aie fait, je n'ai pu en trouver d'autre.

Je te prie de croire que je ne faisais aucune de ces réflexions ; c'est après coup et en t'écrivant qu'elles me sont venues ; à cet instant-là, je n'étais occupé qu'à jouir – la seule occupation d'un homme raisonnable.

Théophile GAUTIER
Mademoiselle de Maupin

Thibault de Champagne.

PROVINS

THIBAULT LE TROUVÈRE

par Anne MARZIN

Provins, au XIIIe siècle. Peut-on imaginer ses routes et ses chemins sinueux, empierrés ou boueux, imaginer une campagne encore boisée, malgré les essartages fréquents, percée de champs de céréales, trouée de pâturages et plantée de vergers et de vignes...

Soudain, telle une figure de proue, se dresse la tour d'angle, qu'on dira plus tard la tour aux Engins, sur laquelle s'appuie toute la force de l'enceinte de Provins ; là-bas se dessinent les solides silhouettes du donjon et de la collégiale Saint-Quiriace. À quelques lieues du royaume de France, le comté de Champagne[1] affirme sa puissance avec quelque insolence. Une puissance reconnue et enviée qui repose sur un réseau de foires internationales, parfaitement organisées, juridiquement réglées, rigoureusement administrées.

Thibault le Trouvère, comte de Champagne, quatrième du nom, aime y chevaucher solitaire, à en croire cette pastourelle :

Je cheminais l'autre jour,
Sans compagnon,
Sur mon palefroi, pensant
Faire une chanson.

Il franchit les murs de pierre, qui se construisent depuis

1. Provins appartint aux comtes de Vermandois (Xe siècle) puis aux comtes de Champagne ((XIe siècle). Thibault IV (1201-1253) comte de Champagne, devenu roi de Navarre (1234), y résida souvent.

1233, tout hérissés d'échafaudages, résonnant du bruit des poulies et des outils, des cris des carriers, des tailleurs de pierre et autres maçons. Provins est un vaste chantier et, à la veille de l'ouverture d'une foire, elle ressemble en tous points à ce qu'évoque déjà Chrétien de Troyes, quelques décennies auparavant, en 1180, dans *Perceval :*

Il regarde la ville entière, peuplée de gens nombreux et beaux, et les tables des changeurs d'or et d'argent, toutes couvertes de monnaies. Il voit les places et les rues qui sont toutes pleines d'ouvriers faisant tous les métiers possibles. Ceux-là font des heaumes et ceux-là des hauberts, ceux-là des lances et ceux-là des boucliers, ceux-là des cuirasses et ceux-là des éperons et ceux-là fourbissent des épées. Les uns font des draps et les autres les tissent, ceux-là les peignent et ceux-là les tondent ; d'autres fondent l'or et l'argent et ceux-là font de bons et beaux ouvrages : des hanaps, des écuelles, des joyaux ornés d'émaux, des anneaux, des ceintures et des boucles. On aurait pu dire et croire qu'en cette ville c'était toujours foire tant elle regorgeait de richesses, de cires, de poivre et d'épices et de fourrures bigarrées.

Thibault reste attaché à la Champagne, où il est né le 30 mai 1201, une semaine après la mort de son père, Thibault III, et c'est à Provins qu'il est baptisé. Il passe près de sa mère, Blanche de Navarre, alors régente du comté, une enfance itinérante dans ce vaste territoire, car il faut se faire connaître des Champenois, vassaux ou simples sujets.

Son éducation se poursuit à la cour de France, sous la protection de Philippe Auguste, son parrain ; à côté de l'apprentissage de futur chevalier, il rencontre les arts, que la jeune dauphine, Blanche de Castille, de treize ans son aînée, encourage. Puis, après Bouvines, c'est le retour en Champagne et l'initiation au pouvoir, qu'il va exercer pleinement à sa majorité.

Commence alors une vie aux prises de position contradictoires. Thibault accomplit son devoir de vassal, se révolte contre son suzerain, puis se soumet. Pour racheter ses erreurs, il promet de prendre la croix. Cette vie de campagnes militaires où il défend le royaume et le comté, de déplacements en Navarre dont il est le roi depuis 1234, est ponctuée de longs séjours en Champagne où, en homme éclairé du XIIIe siècle, il applique et octroie les nouvelles institutions, coutumier, chartes de franchise pour les villes et les bourgs, et adapte une administration déjà efficace à une économie en pleine transformation.

Cet homme dont le jeune Joinville décrit la prestance, dont on vante le charme de la conversation, la séduction et la générosité, est apparenté à toutes les familles régnantes de l'époque, celle de France, d'Angleterre, de Castille, d'Aragon, de Toulouse et d'Aquitaine. Et il est l'héritier d'une tradition culturelle et d'une grande sensibilité artistique, comme celle de ses aïeules, Aliénor d'Aquitaine et Marie de Champagne, protectrices des poètes. Il compose. Son talent est reconnu de ses contemporains ; son originalité créatrice sera reconnue des médiévistes.

Entre 1222 et 1232, il séjourne fréquemment à Provins ; sa seconde épouse, Agnès de Beaujeu, se plaît beaucoup dans le palais comtal du Châtel. Thibault y tient des assemblées dont il est le héros, devant une cour brillante, faite de parents, de conseillers, de chevaliers, de familiers, amis et poètes comme lui, les fameux Compagnons de Champagne, auxquels il témoigne un attachement fidèle dans ses chansons.

Amour m'aura livré maints durs assauts.
Chanson, va vite et le cœur léger,
Et salue mes gens de Champagne.

Parmi eux, Philippe de Nanteuil, vassal, ami et trouvère, est le partenaire privilégié de Thibault dans l'improvisation de « jeux-partis », dont les « débats » ne sont qu'une variante : il s'agit de véritables conversations de société, qui évoquent un thème : la fidélité, l'amour, la jeunesse... La liberté de ton entre les deux compères montre bien l'étroitesse de leurs liens. (Philippe de Nanteuil prendra la croix avec Thibault et, quand il sera fait prisonnier, c'est Thibault qui, avant de quitter la Palestine, paiera la rançon de sa liberté.) Cet échange léger, plein d'humour, plus mondain que profond, échappe aux contraintes des règles du *fin'amour,* idéal du chevalier dans les chansons.

Cette Champagne que Thibault évoque très brièvement de quelques mots – *L'autre jour, dans la matinée / Entre un bois et un verger...* –, il la quitte en 1239 pour une expédition en Terre sainte, où il se montre piètre chef de guerre mais fidèle chrétien et parfait pèlerin. De ce long cheminement naissent des poèmes que l'on nomme chansons de croisade et qui expriment la ferveur du croyant, l'âpreté des combats, mais aussi la déchirure du départ.

Mon cœur a des raisons pour être joyeux et affligé :
Affligé, parce que je quitte ma dame,
Joyeux parce que je désire
Servir Dieu, qui est mon corps et mon âme.
Dame des cieux, grande reine puissante,
Dans le besoin soyez secourables.
Que j'aie une vivace flamme pour vous aimer
Puisque je perds ma dame, qu'une
Dame me vienne en aide.

La collégiale Saint-Quiriace.
De 1222 à 1232, Thibault IV, séjourne fréquemment à Provins.
À cette époque, celle-ci est un vaste chantier et l'une des plus grandes villes de foire.

À sa dame, Marguerite de Bourbon, sa troisième épouse, restée au Châtel, Thibault exprime la douleur de la séparation, mais l'homme affligé se transforme en combattant ardent et métamorphose sa peine humaine en dévotion infinie pour l'autre Dame, la Vierge. L'art de Thibault est alors complet, poète courtois fidèle aux règles du genre, poète allègre dans les pastourelles, brillant et sarcastique dans les jeux-partis, il sait, dans son engagement de croisé, être profond et méditatif.

À ses surnoms de Posthume, de Chansonnier, on peut ajouter celui de Bâtisseur, et la présence de Thibault à Provins se lit dans la pierre. Et puis son nom s'entend dans les légendes. Quel comte de Champagne a, dit-on, aimé une dame blanche, Blanche de Castille, reine de France ? Quel comte de Champagne, mort en Navarre, a, dit-on, fait porter son cœur, à jamais perdu, à Provins ? Thibault le Trouvère. ■

Pastourelle

L'autre jour, dans la matinée,
Entre un bois et un verger
J'ai trouvé une bergère
Qui chantait pour se distraire
Et disait dans sa chanson printanière :
« Ici me tient le mal d'amour. »
Aussitôt je me dirige du côté où j'entends sa voix
Et je lui dis sur-le-champ :
« Belle, que Dieu vous accorde une bonne journée ! »

Tout de suite, sans retard
Elle me rend mon salut.
Elle était fraîche, avec de vives couleurs,
J'eus plaisir à l'aborder :
« Belle, j'implore votre amour
Et je vous donnerai de riches atours.
– Les chevaliers, me répond-elle,
Sont de grands trompeurs.
J'aime mieux Perrin, mon berger,
Qu'un homme riche et menteur.

– Belle, ne parlez pas ainsi
Les chevaliers sont très vaillants.
Qui sait avoir une amie
Et la servir selon ses désirs,

Si ce n'est les chevaliers et gens de leur espèce ?
Mais l'amour d'un petit berger ne vaut pas un bouton.
Quittez-le tout de suite
Et aimez-moi ; je vous le promets
Vous recevrez de moi de riches cadeaux.

– Seigneur, par sainte Marie,
Vous parlez en vain.
Ces traîtres de chevaliers
Tromperont encore maintes dames.
Ils sont hypocrites et pleins de mauvaises pensées,
Ils sont pires que Ganelon.
Je m'en retourne en ma maison
Car Perrinet qui m'attend
M'aime d'un cœur loyal.
Mettez fin à vos propos ! »

Je compris que la bergère
Voulait m'échapper.
Je lui adressai une longue prière,
Mais je ne pus rien obtenir.
J'entrepris de l'embrasser,
Elle poussa un grand cri :
« Perrinet, trahison, trahison ! »
Du bois sortent de longues clameurs ;
Je la laisse sans demander mon reste
Et m'en vais sur mon cheval.

Quand elle me vit partir,
Elle me dit par raillerie :
« Ils sont très hardis, les chevaliers ! »

Débats

Philippe, je vous demande
Qu'est devenu l'amour :
En ce pays ni ailleurs
Personne ne fait mine d'aimer.
Je m'étonne fort
Des raisons de cette disparition.
J'ai entendu
Les plaintes amères des dames
Et celles non moins fréquentes des chevaliers.

– Seigneur, sachez vraiment
Que l'amour se meurt faute d'amants.
C'en est fait de la joie, de la valeur,
Et aussi des tournois.
Les coupables sont les médisants
Les vieilles, les mauvais maris.
Sa perte n'est pas due
Aux dames qu'on pourrait aimer,
Mais c'est la faute des chevaliers.

– Philippe je suis bien d'accord,
C'est la faute des chevaliers
Mais tout vient aussi des caprices
Auxquels se laissent aller les dames.
Quand les chevaliers sont poussés à bout,
Elles font encore des difficultés.
Ils ne reçoivent pas
De bonnes réponses
Et elles les acculent au désespoir.

– Seigneur, ils ont tort d'abandonner la partie
Et ils ne savent que se plaindre ;
Leurs aises leur plaisent davantage
Que l'attente du réconfort amoureux.
Ils s'occupent à s'approprier
Et à bâtir des maisons,
Ce n'est pas raisonnable :
Qui veut aimer
Doit viser la perfection.

Thibault de CHAMPAGNE

Député-maire de Provins pendant plus de trente ans, Alain Peyrefitte avait entrepris des démarches pour faire figurer sa ville au patrimoine mondial. En décembre 2001 l'Unesco annonçait cette inscription.

PROVINS

ALAIN PEYREFITTE, DE L'HOMME POLITIQUE À L'HOMME DE PENSÉE

par René PEYREFITTE

Quand Alain Peyrefitte s'engagea dans la vie politique à Provins et dans sa circonscription, il y était, suivant le jargon électoral, un « parachuté ». Mais avant de s'y enraciner profondément pendant une quarantaine d'années, il avait été en quelque façon prédestiné à ce point de chute : il avait grandi à l'ombre de la tour de César et souvent rêvé sur sa massive élégance. De fait, le principal ornement du bureau de son père était un grand lavis la représentant.

Ses origines, son enfance et son adolescence étaient méridionales. Reçu à vingt ans à l'École normale supérieure, puis à l'École nationale d'administration, il avait opté pour la carrière diplomatique. Tout d'abord en poste à Bonn, où le haut-commissaire de la République française était le Provinois André François-Poncet – second clin d'œil du destin –, il fut ensuite nommé consul général de France à Cracovie. À son retour en France, il est affecté à la Direction des affaires européennes. Il s'était installé à Paris, puis à Chartrettes, près de Melun, où ses parents avaient acheté une maison avec le souhait d'y créer un lieu de rencontre familial.

Très vite, il s'intéressa à la politique active. Élu député de la circonscription de Provins, sous l'étiquette gaulliste, en 1958, sa voie était désormais tracée. En

1965, il est élu maire de Provins et, l'année suivante, il s'installe dans cette ville, dont il restera le député-maire pendant plus de trente ans. Avec ses parents, il achète une propriété dans le quartier de La Roseraie, hors des remparts de la ville haute, mais en des lieux riches de souvenirs anciens. L'adresse, rue aux Juifs, rappelle le temps où Provins, avec ses deux grandes foires de printemps et d'automne, était un grand centre de commerce régional et même international. La maison ancienne, en équerre, comporte un bâtiment construit sur le Durteint – souvenirs d'anciens ateliers de teinturerie –, dont on voit l'eau couler par un regard encastré dans le parquet du salon.

Il passait à Provins au moins deux jours par semaine et il aimait à dire que, dans sa carrière politique, c'était cette action de terrain qui lui avait apporté le plus de satisfaction. C'est qu'il pouvait voir là les résultats concrets et durables de son action, la réalisation de ses idées et de son intention essentielle : orienter cette ville au riche passé vers un avenir propre à assurer sa pérennité et son développement. Les grands projets, réalisés après d'incessants efforts et des luttes renouvelées, furent les restaurations des remparts, de l'église Saint-Ayoul et de la Grange aux dîmes, la recherche d'une nouvelle affectation pour le couvent des Cordelières, les créations de la ville nouvelle de Champbenoît et du nouveau centre hospitalier.

À son arrivée, les vieux remparts étaient en piteux état, et il regrettait qu'un siècle plus tôt Viollet-le-Duc se fût consacré à la restauration des remparts de Carcassonne au lieu de ceux de Provins, dont il avait aussi été question. Il essaya d'intéresser ses concitoyens à la question en les convoquant à pied d'œuvre ; ce rendez-vous n'eut pas grand succès et il entreprit seul la longue marche des interventions auprès des services et des ministères concernés. Enfin, il prépara un important dossier pour leur inscription au patrimoine mondial par l'Unesco, obtenue en décembre 2001.

La restauration de l'église Saint-Ayoul, en particulier son portail qui s'était effondré, souleva moins de difficultés. Il accepta et imposa la suggestion des Monuments historiques de faire appel à Jeanclos, un artiste contemporain. À l'occasion de l'inauguration, il contribua à la plaquette *le Saint-Ayoul de Jeanclos* par son article « Insérer le neuf dans le vieux ».

Durant cette longue magistrature, d'autres initiatives lui apportèrent des satisfactions plus faciles. Telles furent, vers la fin des années 1970, les créations du festival de Provins et de la Fête médiévale, qui participent encore aujourd'hui au rayonnement de la ville. En associant au festival des spectacles très variés, entre autres des soirées littéraires et des spectacles musicaux, cette manifestation attira un public de plus en plus large, et elle donna lieu à des scènes pittoresques. Tel soir, une célèbre danseuse étoile se fit présenter à André Malraux. Au moment de la représentation, deux fauteuils réservés restèrent vides au premier rang et l'on eut des nouvelles des intéressés plusieurs jours plus tard. Un autre soir, avant un récital de Jean Desailly et Simone Valère, la foudre tomba, privant la ville haute d'électricité ; la foule se précipita vers le lieu de repli prévu, l'église Saint-Quiriace, qu'on éclaira par une double rangée de cierges. La fête médiévale donna l'occasion au maire d'apparaître en grande tenue d'échevin, en compagnie de sa femme,

Le festival de Provins et la Fête médiévale ont été créés à l'initiative d'Alain Peyrefitte. À cette occasion il apparaissait en grande tenue d'échevin, en compagnie de sa femme, du conseil municipal et d'autres notables, au milieu de la liesse populaire.

du conseil municipal et d'autres notables en pareille tenue médiévale, au milieu de la liesse populaire.

Le seul épisode dramatique de la vie provinoise d'Alain Peyrefitte fut un attentat à la voiture piégée, auquel il échappa par un concours de circonstances miraculeux pour lui, mais qui fut fatal à un employé municipal qui, mettant le contact à une voiture habituellement empruntée par le maire, provoqua l'explosion. L'attentat, jamais revendiqué ni élucidé, était peut-être la conséquence tardive d'un passage, plusieurs années plus tôt, au ministère de la Justice.

Dans sa maison de Provins, Alain Peyrefitte recevait souvent des personnalités officielles, tels des Premiers ministres dont il fut le collaborateur, et différents ambassadeurs de Chine à partir du moment où il fut considéré comme « un grand ami du peuple chinois ». Il y accueillait encore ses amis normaliens, et des écrivains comme Umberto Eco ou ses confrères académiciens : Hélène Carrère d'Encausse, Jacqueline de Romilly, Jean-François Deniau, Maurice Druon, Georges Duby, André Frossart, Jean d'Ormesson, et Alain Decaux, avec lequel il signa, quelques mois avant sa disparition, la pièce *De Gaulle, celui qui a dit non,* qui sera mise en scène par Robert Hossein. Dans ce cadre familier il se révélait tel que les circonstances publiques ne le laissaient pas toujours paraître : un homme ouvert et courtois, un hôte attentif et affable, dévoué, plein d'humour et d'anecdotes.

Mais pour lui, le cœur de la maison, c'était son grand bureau-bibliothèque, tapissé de rayonnages surchargés de livres, et encombré encore, en un sympathique ou inquiétant désordre, sur les fauteuils, sur le parquet, sur la longue table-bureau surtout, d'autres livres, dossiers et feuilles volantes. À l'un des angles du grand meuble, un gros poste de radio, datant de l'époque où l'on parlait de TSF, et depuis longtemps réformé, lui donnait juste la hauteur pour écrire, à sa manière : debout et à la main, le regard s'évadant parfois vers les allées, les fleurs et les arbres de ce jardin qu'il aimait, mais que n'évoque jamais son œuvre, faite d'idées, non de formes ni de couleurs.

Ministre pendant près de vingt ans, membre de l'Académie française en 1977, de l'Académie des sciences morales et politiques depuis 1987, c'était un travailleur acharné. Il dictait au magnétophone pendant ses trajets entre Paris et Provins, et il était équipé pour pouvoir lire en se rasant. Il a laissé une œuvre considérable, même si l'on exclut de sa longue bibliographie les œuvres de circonstance et de polémique, ainsi que les ouvrages collectifs dirigés par lui. On peut y distinguer trois grandes orientations : les ouvrages inspirés par la notion philosophique et sociologique de confiance dont *le Mal français*[1] et *la Société de confiance*[2] ; ceux consacrés à la Chine, avec son plus grand succès public *Quand la Chine s'éveillera..., le monde tremblera*[3] ; les trois volumes *C'était De Gaulle*[4], le dernier volume achevé dans ses ultimes instants.

Les Provinois voient surtout en Alain Peyrefitte l'homme politique, et ses lecteurs l'homme de lettres, capable de mettre sa pensée à la portée du grand nombre par une présentation toujours claire et habilement

1. Plon, 1976.
2. Odile Jacob, 1995.
3. Fayard, 1973.
4. De Fallois / Fayard, 1994.

Une aile de la maison d'Alain Peyrefitte à Provins enjambe le Durteint, dont on voit l'eau couler à travers un épais carreau de verre encastré dans le parquet du salon. Le cœur de cette maison était son grand bureau-bibliothèque où il avait pour habitude d'écrire debout.

pédagogique. Faut-il donner la préférence à l'un ou l'autre de ces titres ? La distinction n'a guère de sens, tant il a mené de pair les deux activités ; ce qui est certain, c'est que son œuvre littéraire ne serait sans doute pas ce qu'elle est s'il n'avait vécu, en particulier sur le plan local, la vie qui a été la sienne.

Les soins qu'exigeait sa maladie – dont il ne parlait jamais, même à ses intimes – l'ont écarté de Provins pendant les dernières semaines de son existence. C'est dans le nouveau cimetière de Provins qu'il repose désormais, dans un caveau familial où ses parents et l'une de ses filles l'ont précédé. Il en avait choisi l'emplacement, au pied d'un cèdre séculaire, à quelque cent mètres du rempart restauré grâce à lui.

Les Provinois ne l'oublient pas. Un an après sa mort, au cours d'une cérémonie commémorative (27 novembre 2000), ils ont donné son nom à une importante avenue de la ville et à la bibliothèque municipale.

Pendant une quinzaine d'années, Alain Peyrefitte avait mené une lutte très prenante, et qui fut longtemps très décourageante, en faveur des « gueules grises », les mineurs d'argile. Leur travail les désignait pour bénéficier du statut particulier de cette profession, mais la législation les avait ignorés et l'administration leur en refusait le bénéfice. Ce long affrontement est la matière d'un chapitre de son *Mal français,* dont nous citons un extrait : c'était le meilleur exemple des lourdeurs et des blocages du système politique et de la société française. ■

Ils étaient gris. Grises leurs mains calleuses. Gris ce qui avait été des bleus de chauffe. Gris, même, leur visage : comme si leurs couleurs s'éteignaient dans les galeries souterraines au fond desquelles ils travaillaient ; ou comme si la glaise qu'ils arrachaient aux entrailles de la terre finissait par imprégner leur teint. [...] Beaucoup étaient silicosés ; passés la cinquantaine, ils respiraient à peine. L'humidité leur donnait des rhumatismes tenaces. [...] Seule la retraite les délivrerait. Mais ils ne l'atteindraient qu'à soixante ans, dans quel état ?

À peine suis-je élu député qu'on me fait revêtir, en décembre 1958, la combinaison, les bottes, le casque blanc et la lampe frontale, pour visiter la mine de glaise. Une dizaine d'entreprises se partagent l'exploitation du bassin. L'extraction et le traitement emploient sept centaines de glaisiers. [...]

Dans l'air humide, les torses nus ruissellent de sueur. Les glaisiers abattent l'argile, la chargent sur les « berlines », boisent les galeries dans le bruit assourdissant des marteaux pneumatiques, répercuté par les boyaux souterrains. [...] Des visites dans les mines du Nord et de Lorraine me firent prendre conscience d'un insoutenable paradoxe. De tous les mineurs de France, les glaisiers étaient les seuls à répondre encore aux tristes descriptions de *Germinal.* Depuis Zola, le travail dans les mines de charbon et de fer est heureusement devenu plus aisé. [...] Depuis 1945 on leur accorde, entre autres avantages, la retraite à cinquante ans. Les « gueules grises » en étaient exclues. [...] Que pouvaient-ils faire à sept cents ? Leurs cent quatre-vingt mille camarades des charbonnages, groupés en entreprise nationalisée, avaient la capacité de faire trembler l'État sur ses bases. Pas eux.

Pendant douze ans, de 1959 à 1970, fort de la plainte ouvrière et du consentement patronal, je multipliai les démarches pour obtenir en faveur des glaisiers, sinon tous les avantages des mineurs, du moins l'essentiel : son régime de retraite. En vain. Je fis le siège tant des ministres de la Sécurité sociale que des ministres chargés de l'industrie. [...] Les ministres trouvaient ma revendication légitime. [...] Non, on ne pouvait faire droit à ma demande. Les exploitations d'argile ne sont pas classées dans les mines, mais dans les carrières. [...] Mes mineurs n'étaient pas des mineurs. [...] Pour en sortir je demandai qu'un inspecteur général de la Sécurité sociale vînt mener une enquête. Le ministère s'opposait à l'inspection. [...] Puisqu'il n'y avait pas de solution, il était inutile d'inspecter comme si il y en avait une. À la longue j'obtins l'inspection, mais à la condition qu'elle restât secrète. Elle le resta, même pour moi. [...] Malgré mon appartenance au gouvernement, je ne pus jamais obtenir communication du rapport d'inspection, ni même un extrait. C'était plus qu'un secret d'État : un secret d'administration.

Plus tard je saisis l'occasion d'une conversation détendue avec le nouveau Premier ministre, Georges Pompidou, pour lui exposer l'affaire comme un cas typique de blocage de l'administration française. Son verdict tomba, rapide, précis comme à l'ordinaire : « Quand les Finances sont contre une réforme, elle a peu de chances d'aboutir ; quand les Finances et le ministère technique concerné y font obstacle, elle n'en a aucune. Sauf si l'affaire revêt une importance politique. »

Devant l'inertie administrative, comment un être impulsif ne penserait-il pas à la dynamite ? Je devais quand même chercher un explosif plus… civique. […] Le jeu des services prêtés et rendus allait me fournir une occasion inespérée. On me demanda de faciliter l'adoption par ma commission[1] d'une loi validant un concours, […] ce à quoi je répondis : « Le texte de validation passera si vous m'accordez la retraite des glaisiers. Mais je vous garantis aussi l'inverse. » Le temps, immobile pendant un quart de siècle, allait brusquement se précipiter. Le texte fut adopté à l'unanimité. Moins de deux minutes avaient suffi[2].

Alain PEYREFITTE
de l'Académie française
Le Mal français

1. Il présidait alors, à l'Assemblée nationale, la Commission des affaires culturelles, familiales et sociales.
2. Les décrets d'application furent longs à venir et la mise en œuvre concrète des mesures votées demanda encore plusieurs années de lutte.

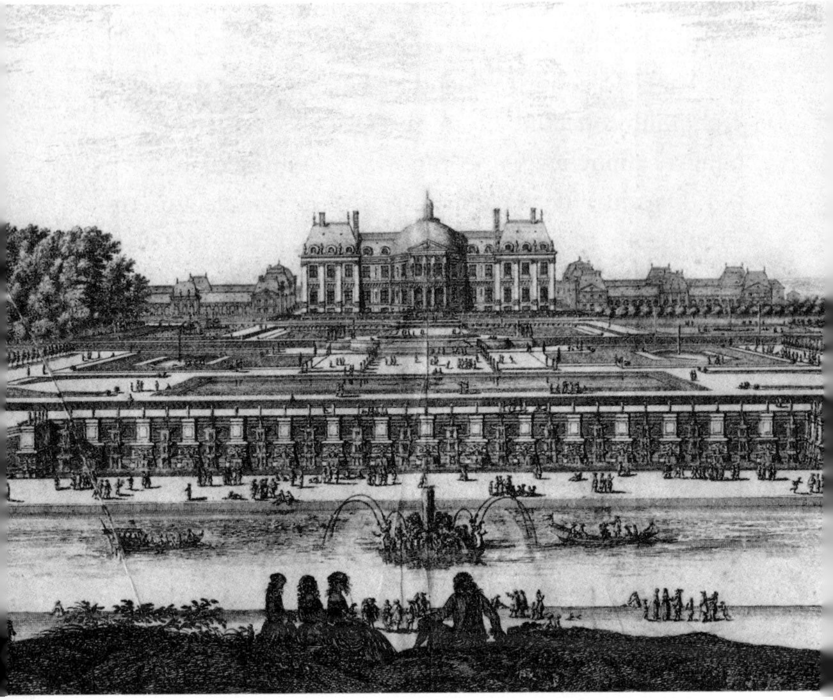

Le château et le parc de Vaux-le-Vicomte (gravure d'Israël Sylvestre).
La magnificence de Vaux-le-Vicomte annonce Versailles.
Aujourd'hui, à la belle saison, deux mille lumignons recréent la magie de la fameuse fête du 17 août 1661.

VAUX-LE-VICOMTE

FOUCQUET ET LA FONTAINE APRÈS LA FÊTE FLAMBOYANTE

par Mireille GÉRARD

Remplissez l'air de cris en vos grottes profondes ;
Pleurez, Nymphes de Vaux, faites croître vos ondes,
[...] Chacun attend de vous ce devoir généreux ;
Les Destins sont contents : Oronte[1] *est malheureux.*

JEAN DE LA FONTAINE

L'affaire Foucquet éclate au lendemain de la fête imprudente du 17 août 1661, où le surintendant reçoit dans sa demeure de Vaux le roi, la reine mère et six cents invités qui, après avoir découvert les enchantements du parc, sont attendus pour « un dîner préparé par Vatel et servi dans une vaisselle d'argent et de vermeil ».

L'étonnante histoire de Vaux-le-Vicomte, la magnificence de ce château qui annonce Versailles, l'apothéose du surintendant puis sa chute ou, pourrait-on même dire, ce « coup d'État » qui privait le Parnasse de son Apollon-Mécène n'ont cessé d'inspirer les écrivains depuis le Grand Siècle jusqu'à aujourd'hui. Lorsque Nicolas Foucquet, surintendant des Finances, entreprit, entre 1656 et 1661, de transformer des terres disparates, achetées au fil du temps, en un lieu exceptionnel par sa beauté, son harmonie et son symbolisme, il avait déjà l'expérience des travaux réalisés dans son hôtel parisien et à Saint-Mandé. Il avait aussi commencé à réunir

1. Foucquet.

autour de lui un salon galant où se côtoyaient des femmes distinguées comme Mme du Plessis-Bellière et Mme de Sévigné, de grands seigneurs comme La Rochefoucauld et une pléiade d'auteurs, de savants et d'artistes. Corneille qui, à cinquante ans, se croyait dégoûté du théâtre, se fait l'écho de ce mécénat séduisant dans ces vers enthousiastes qui précèdent sa nouvelle tragédie d'*Œdipe,* écrite en 1658 et dédiée au surintendant :

Oui, généreux appui de tout notre Parnasse,
Tu me rends ma vigueur lorsque tu me fais grâce,
Et je veux bien apprendre à tout notre avenir
Que tes regards bénins ont su me rajeunir.
Je m'élève sans crainte avec de si bons guides,
Depuis que je t'ai vu, je ne vois plus mes rides.

Marie de Sévigné restera fidèle au surintendant disgracié.

Cet éloge, qui faisait du surintendant une sorte de Phœbus-Apollon, est une des clés de la construction du château de Vaux-le-Vicomte : en faire la résidence des Muses et l'équivalent français du Parnasse grec.

Une fois l'architecte Le Vau choisi, les travaux, dès 1656, allèrent à un rythme forcené, comme si le surintendant devinait que le temps lui serait compté. C'est à lui que revient le choix d'une pierre blanche et la volonté de multiplier les vues sur un jardin qui fit l'admiration de tous les visiteurs. Le Nôtre, lui, avait sur ordre conçu un projet où une variété savante mêlait les plaisirs de l'art et de la

Jean de La Fontaine écrit le Songe de Vaux*, un ouvrage en vers resté inachevé, exaltant ces lieux et leur maître.*

nature. Dans le tome X de son roman-fleuve *Clélie,* Mlle de Scudéry fait une longue description en forme de promenade et s'extasie sur cette diversité : bois, vergers rustiques, allées, tertres, vignes, terrasses, prairies, parterres, mais surtout, à partir de la rivière de l'Anqueuil, un festival de tout ce que la technique des jets d'eau, alors récente, pouvait imaginer : fontaines, rond d'eau, couronne d'aigrettes, bassin rustique, ruisseaux gazonnés, balustrade de cristal, canal bordé de cent jets d'eaux, allée de cristal dont la pierre luisante est bordée d'un nombre infini de jets d'eau à double rang s'enchâssant les uns dans les autres, etc. Plusieurs statues ponctuaient le parcours : Polyphème avec Galatée, des Tritons, des Amours, le Tibre, et surtout un Hercule se reposant de ses labeurs, dont le thème se retrouvera à l'intérieur du château :

Pour passer du salon dans l'antichambre, on voit au haut du plat-fond un Hercule sur un char d'or enlevé dans les cieux ; on voit sur ce char un serpent écrasé. La Raison qui est très belle le guide, elle a l'air sage, elle porte un casque, elle tient mesme une espée dont elle semble menacer deux chevaux fiers et capricieux [...] qui par leur action impétueuse font assez connaître qu'ils représentent en cet endroit les passions. [...] Ils ont tous deux un sombre éclat dans les yeux.

Cette diversité du jardin, qui hésitait entre le charme pastoral d'une nature rustique, bucolique ou géorgique et les prodiges savants de l'artifice et de la culture, n'était pas sans lien avec les questions d'esthétique littéraire et picturale qui étaient alors agitées. La profusion, propice à la surprise, à l'illusion et à l'émerveillement, était en harmonie avec les commandes passées dès 1657 à Le Brun pour la décoration et la peinture des chambres et salons, et à La Fontaine pour diverses productions poétiques, dont un poème à la gloire de Vaux et de ses hôtes, *le Songe de Vaux*.

Cette double commande était également inspirée par la rivalité qui, au royaume des belles-lettres, opposait alors l'éloquence de la peinture à celle de la poésie. Le cœur du château était cette fameuse « chambre des Muses » où le nouveau Phœbus devait rendre ses oracles. Le Brun orchestre un programme allégorique d'une extrême richesse. Mlle de Scudéry comme Félibien, dont nous citons ce court extrait, l'évoquent longuement :

Ces huit Muses n'ont point d'aisles au dos, comme Clio leur sœur qui s'élève en l'air, parce qu'étant les gardiennes de cette maison, elles y doivent demeurer toujours pour chanter sans cesse les louanges de celui qui leur a donné une si belle retraite.

Mais il appartenait à La Fontaine, véritable nourrisson des Muses, de traduire l'émotion poétique ressentie dans ce lieu magique. Dans *le Songe de Vaux,* que la chute du surintendant ne lui a pas permis de terminer, ouvrage qui reste brisé en neuf fragments dont quatre seulement parurent du vivant de La Fontaine, un morceau de prose et de vers nous fait partager l'émotion ressentie par le poète. Dans la chambre des Muses, il se sent l'âme remplie d'une « douceur » qu'il ne saurait exprimer mais qui dérive vers l'érotisme :

Elle était celle que j'ai quelques fois ressentie, me voyant au milieu de ces déesses, sous le plus bel ombrage de l'Hélicon favorisé comme à l'envi de toute la troupe.

Malgré l'admiration, cependant, il s'inquiète :

Quoi ? je vous trouve ici, mes divines maîtresses !
De vos monts écartés vous cessez d'être hôtesses !
Quel charme ont eu pour vous les lambris que je vois ?
Vous aimiez, disait-on, le silence des bois ;
Qui vous a fait quitter cette humeur solitaire ?
D'où vient que les palais commencent à vous plaire ?

Peut-être ces vers, parus seulement en 1729, ont-ils été écrits après cette fête fastueuse du 17 août 1661 où Molière, avec sa pièce des *Fâcheux*, faisait triompher le nouvel idéal du « naturel », et qui fut, sous les yeux d'un Louis XIV ébloui, mais soupçonneux et humilié, le triomphe de Vaux et la perte de Foucquet-Apollon face à Jupiter. Le roi « ne vit pas seulement Foucquet partout, Apollon dans la chambre des Muses, Alcide dans le salon d'Hercule, Neptune dans les bassins du parc de Vaux, Mécène des arts et du théâtre français ; il vit aussi, plus nombreux que sa propre Cour, le Tout-Paris invité en foule par Foucquet, et n'ayant d'yeux que pour le

Dans son roman-fleuve Clélie, *Madeleine de Scudéry fait une longue description en forme de promenade du château et du parc.*

Pour le 17 août 1661, Molière rédige et monte en quinze jours les Fâcheux.

héros du jour[2] ». Au cours de cette soirée éclatante, Louis XIV reçut son portrait peint par Le Brun « dans son costume du jour, et la soirée se termina par un feu d'artifice où tombaient les étoiles ». Mais les dés étaient jetés. Le roi hésita à faire arrêter Foucquet sur-le-champ ; la reine mère l'en dissuada. Le 22 août, La Fontaine écrivit à son ami Maucroix, alors à Rome, pour lui relater la fête de Vaux. Mais le 5 septembre la foudre tomba : Foucquet fut arrêté et jeté en prison. Il avait été condamné au bannissement, mais le roi avait jugé la sentence trop faible et l'avait transformée en détention perpétuelle. L'affaire Foucquet, par sa partialité et l'irrégularité de son procès, devint un drame politique.

Le mérite de La Fontaine est d'avoir eu alors, avec courage, deux fois recours à la poésie[3] pour plaider auprès du roi lui-même la cause du favori déchu, emprisonné et menacé de mort. ■

2. Marc Fumaroli, *le Poète et le Roi. Jean de La Fontaine et son siècle*, op.cit.
3. Il écrit *l'Élégie aux Nymphes de Vaux* et une *Ode au roi.*

Lettre à monsieur de Maucroix

22 août 1661

Je ne te conterai donc que ce qui s'est passé à Vaux, le 17 de ce mois : le roi, la reine-mère, Monsieur, Madame, quantité de princes et de seigneurs s'y trouvèrent ; il y eut un souper magnifique, une excellente comédie, un ballet fort divertissant et un feu qui ne devait rien à celui qu'on fit pour l'Entrée.

Tous les sens furent enchantés ;
Et le régal eut des beautés
Dignes du lieu, dignes du maître,
Et dignes de Leurs Majestés,
Si quelque chose pouvait l'être.

On commença par la promenade. Toute la Cour regarda les eaux avec grand plaisir. Jamais Vaux ne sera plus beau qu'il le fut cette soirée-là. […] En suite de la promenade on alla souper. La délicatesse et la rareté des mets furent grandes. […] Le souper fini, la comédie eut son tour : on avait dressé le théâtre au bas de l'allée des sapins. […]

De feuillages touffus la scène était parée
Et de cent flambeaux éclairée :
Le ciel en fut jaloux. Enfin figure–toi
Que, lorsqu'on eut tiré des toiles,
Tout combattit à Vaux pour le plaisir du roi :
La musique, les eaux, les lustres, les étoiles.

Les décorations furent magnifiques, et cela ne se passa point sans machines.

On vit des rocs s'ouvrir, des termes se mouvoir
Et sur son piédestal tourner mainte figure.
Deux enchanteurs pleins de savoir
Firent tant par leur imposture,
Qu'on crut qu'ils avaient le pouvoir
De commander à la Nature :
L'un de ces enchanteurs est le sieur Torelli[1],
Magicien expert et faiseur de miracles ;
Et l'autre c'est Le Brun, par qui Vaux embelli
Présente aux regardants mille rares spectacles. [...]
D'abord aux yeux de l'assemblée
Parut un rocher si bien fait
Qu'on le crut rocher en effet ;
Mais, insensiblement se changeant en coquille,
Il en sortit une Nymphe gentille
Qui ressemblait à la Béjart[2]
Nymphe excellente dans son art,
Et que pas une ne surpasse.
Aussi récita-t-elle avec beaucoup de grâce

1. Violoniste et compositeur italien (1658-1709).
2. La comédienne Armande Béjart, épouse de Molière.

Un prologue, estimé l'un des plus accomplis
Qu'en ce genre on pût écrire.

Dans ce prologue, la Béjart, qui représente la Nymphe de la fontaine où se passe cette action, commande aux divinités qui lui sont soumises de sortir des marbres qui les enferment, et de contribuer de tout leur pouvoir au divertissement de Sa Majesté : aussitôt, les termes et les statues qui font partie de l'ornement du théâtre se meuvent, et il en sort, je ne sais comment, des Faunes et des Bacchantes qui font l'une des entrées du ballet. [...]

Tout cela fait place à la comédie, dont le sujet est un homme arrêté par toutes sortes de gens sur le point d'aller à une assignation amoureuse.

C'est un ouvrage de Molière :
Cet écrivain par sa manière
Charme à présent toute la Cour. [...]
Te souvient-il bien qu'autrefois
Nous avons conclu d'une voix [...]
Qu'il allait ramener en France
Le bon goût et l'air de Térence ?

On avait accommodé le ballet à la comédie autant qu'il était possible, et tous les danseurs y représentaient des fâcheux de plusieurs manières. [...] Dès que ce plaisir fut cessé, on courut à celui du feu.

Je voudrais bien t'écrire en vers
Tous les artifices divers
De ce feu le plus beau du monde
Et son combat avecque l'onde,
Et le plaisir des assistants.
Figure-toi qu'en même temps
On vit partir mille fusées,
Qui par des routes embrasées
Se firent toutes dans les airs
Un chemin tout rempli d'éclairs,
Chassant la nuit, brisant ses voiles. [...]

Parmi ce spectacle si rare,
Figure-toi le tintamarre,
Le fracas et les sifflements
Qu'on entendait à tous moments. [...]

De ce bruit Neptune étonné
Eût craint de se voir détrôné,
Si le monarque de la France
N'eût rassuré par sa présence
Ce dieu des moites tribunaux
Qui crut que les dieux infernaux
Venaient donner des sérénades
À quelques-unes des Naïades.
Enfin, la peur l'ayant quitté,
Il salua Sa Majesté.

Au bruit de ce feu succéda celui des tambours, car, le Roi voulant s'en retourner à Fontainebleau cette même nuit, les mousquetaires étaient commandés. On retourna donc au château, où la collation était préparée. Pendant le chemin, [...] on vit en un moment le ciel obscurci d'une épouvantable nuée de fusées et de serpenteaux. Faut-il dire obscurci ou éclairé ? Cela partait de la lanterne du dôme. Ce fut en cet endroit que la nuée creva : d'abord, on crut que tous les astres, grands et petits, étaient descendus en terre, afin de rendre hommage à Madame ; mais l'orage étant cessé, on les vit tous en leur place. La catastrophe de ce fracas fut la perte de deux chevaux. [...]

Ces chevaux, qui jadis un carrosse tirèrent
Et tirent maintenant la barque de Charon,
Dans les fossés de Vaux tombèrent
Et puis de là dans l'Achéron.

Ils étaient attelés à l'un des carrosses de la Reine ; et s'étant cabrés à cause du feu et du bruit il fut impossible de les retenir. Je ne croyais pas que cette relation dût avoir une fin si tragique et si pitoyable. Adieu. Charge ta mémoire de toutes les belles choses que tu verras au lieu où tu es.

Jean de LA FONTAINE
Relation d'une fête donnée à Vaux

Jacques Amyot, l'enfant le plus illustre de Melun, reste pour la postérité un traducteur exceptionnel d'ouvrages grecs, particulièrement des œuvres de Plutarque. Ses traductions font encore autorité aujourd'hui.

MELUN

JACQUES AMYOT, UN HOMME ILLUSTRE DE LA RENAISSANCE

par Jean-Eudes GIROT

Lorsqu'en 1584 François de La Croix du Maine publie sa *Bibliothèque françoise* consacrée aux écrivains de son temps, il explique dans la notice consacrée à Amyot que « la renommée de ce personnage est tellement épandue, non seulement par la France, mais en tous les autres lieux où notre langue française a cours, qu'il a emporté la gloire du plus savant et fidèle traducteur des œuvres de ce divin et tant renommé Plutarque et des autres œuvres qu'il a traduites des auteurs grecs en notre langue française ; ce que mêmement ont été contraints d'avouer ceux qui par autre part ne lui sont pas amis ».

Comme on le comprend par ce témoignage, Jacques Amyot eut le rare bonheur de voir son mérite reconnu par ses contemporains. Pourtant, si les événements marquants de sa vie sont assez bien connus, il n'en va pas de même des premières années de celui qui, futur évêque d'Auxerre, devait connaître la gloire comme traducteur de Plutarque. Né à Melun le 30 octobre 1513, baptisé dans l'église Saint-Aspais, Jacques Amyot est le fils de Nicolas et de Marie Lamour. Les mauvaises plumes prétendent que le père de Jacques exerçait la profession de boucher – c'est Brantôme qui l'affirme –, de corroyeur ou de mercier. Nicolas était probablement marchand mégissier et transformait les peaux des animaux de boucherie en cuir destiné à diverses industries ; on sait qu'il fabriquait et vendait des bourses et des aiguillettes et demeurait, écrit l'un des premiers biographes d'Amyot, « en une petite maisonnette, sise vis-à-vis de Saint-Aspais, en la grand-rue par laquelle on va au pont de Melun ».

Cette humble origine rend d'autant plus éclatante l'ascension sociale du jeune homme, même s'il faut se garder de voir en lui l'équivalent d'un personnage de Balzac : être artisan mégissier dans une ville comme Melun qui, au début du XVIe siècle, comptait environ quatre mille âmes, c'était travailler dans une région aisée qui bénéficiait en outre du voisinage de Paris, débouché économique appréciable. La ville était donc prospère, comme en témoignent les nombreux établissements religieux présents à l'époque. L'église Saint-Aspais, paroisse de Jacques Amyot, fut ainsi entièrement reconstruite entre 1468 et 1560.

À partir de 1530, Jacques Amyot quitta Melun pour s'inscrire à l'université de Paris, où il devint maître ès arts en 1532. La légende veut que le jeune homme ait été si pauvre qu'il devait travailler, le soir, à la lueur des charbons, et que sa mère lui faisait parvenir du pain par l'entremise des bateliers de Melun. La réalité est moins sombre. Jacques Amyot dut certes, comme d'autres humanistes issus de famille peu aisée, se faire le « domestique », c'est-à-dire le précepteur ou le répétiteur d'un camarade plus riche ; pour autant, la chose n'avait rien de déshonorant, et elle permit au jeune homme de suivre les cours des meilleurs enseignants. François Ier venait de fonder le Collège royal, futur Collège de France, et les étudiants se prenaient de passion pour l'étude de la langue grecque, « sans laquelle c'est honte qu'une personne se dise savante » écrivait Gargantua à son fils Pantagruel dans le roman consacré à ce dernier, publié justement en 1532. Plus tard, sous le règne de Charles IX, Jacques Amyot deviendrait responsable de cette prestigieuse institution.

En 1534 commença sa carrière de précepteur, fonction qui lui permit de se rapprocher de la cour. Ces années-là, il traduisit en français des textes grecs, et c'est pour l'encourager à poursuivre la traduction des *Vies parallèles* de Plutarque que, le 18 mars 1547, soit quelques jours avant sa mort, François Ier le nomma abbé de Bellozane, lui assurant de la sorte une indépendance financière dont devait profiter notre humaniste. Dès lors, la voie était toute tracée, et Jacques Amyot, après l'indispensable voyage en Italie, devint précepteur des futurs rois Charles IX et Henri III puis, en 1560, grand aumônier de France et conseiller d'État, avant de devenir, en 1570, évêque d'Auxerre, charge qu'il occupera avec un dévouement plutôt rare à l'époque. La fin de sa vie fut assombrie par les dissensions religieuses qui l'opposèrent à ses administrés et qui finirent par le ruiner. Sa fortune à la cour ne lui fit cependant pas renier ses origines puisque, sa vie durant, il donna des témoignages de sa sollicitude à son frère puîné Jean, à ses sœurs et à ses neveux, qu'il aida dans la mesure de ses moyens, montrant par là qu'il n'avait pas oublié les membres de sa famille qui vivaient à Melun.

Il n'en demeure pas moins, pour la postérité, le traducteur incomparable de nombreux ouvrages grecs, au premier rang desquels il convient de placer les œuvres de Plutarque. Ce travail magistral connaîtra un succès

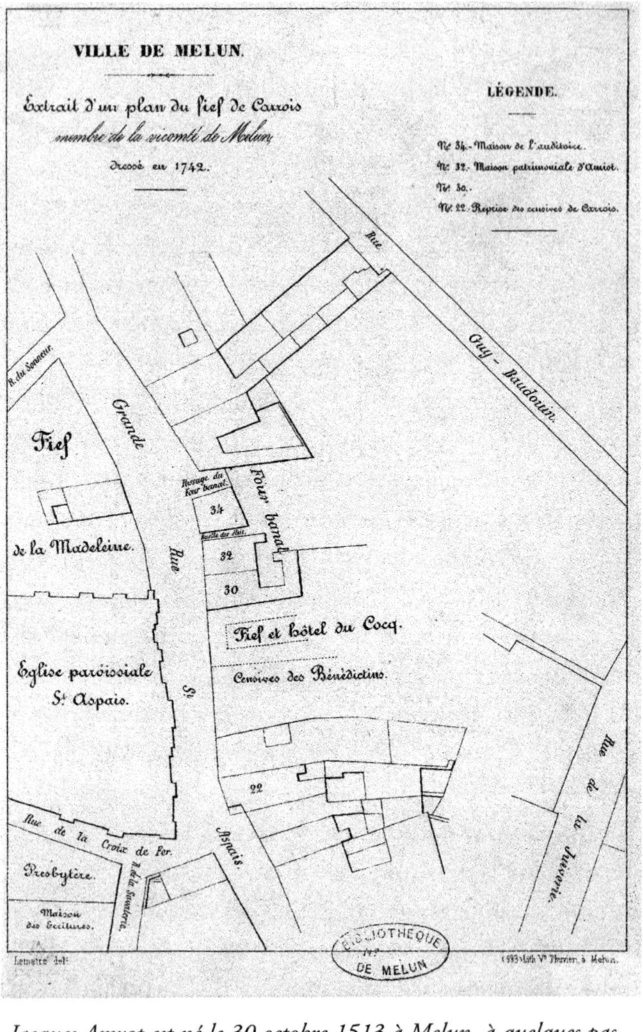

Jacques Amyot est né le 30 octobre 1513 à Melun, à quelques pas de l'église Saint-Aspais, où il fut baptisé.

considérable au cours des siècles, au point qu'aujourd'hui encore c'est dans la traduction d'Amyot qu'on lit le plus souvent Plutarque ; elle lui vaudra l'admiration de tous les bons esprits qui, à juste titre, sauront y reconnaître l'œuvre d'un véritable écrivain. Michel de Montaigne, qui connaissait et appréciait Amyot, sera profondément influencé par le style de l'humaniste, dont il dira dans ses *Essais :* « Je donne, avec raison ce me semble, la palme à Jacques Amyot sur tous nos écrivains français ; non seulement pour la naïveté et pureté du langage, en quoi il surpasse tous autres [...] mais sur tout, je lui sais bon gré d'avoir su trier et choisir un livre si digne et si à propos, pour en faire présent à son pays. »

Aujourd'hui Melun n'oublie pas Jacques Amyot, son enfant le plus illustre. Fière de s'en souvenir, sa ville natale a, en 1985, célébré le centenaire du collège et du lycée Jacques-Amyot, et organisé un colloque international sous le titre « Fortunes de Jacques Amyot », réunissant vingt-deux universitaires français et étrangers à Melun. Dans sa biographie de Jacques Amyot[1], l'historien André Laurent brosse un remarquable portrait du savant humaniste, de l'éminent traducteur, de l'homme de cour et du prélat. Sans dissimuler ses faiblesses – son attrait pour les honneurs et les profits, son désir d'aisance matérielle et son habileté à ne prendre aucun engagement –, il retrace sa vie et son œuvre, saluée au fil des siècles par les plus grands. ■

1. André Laurent, *Jacques Amyot l'humaniste*, Les Presses du village, 1999.

Des propos du prince en son plus court loisir

Le Prince, comme tous les autres hommes, parle ou pour son utilité, ou pour se donner du plaisir. Il reçoit du plaisir de parler et deviser quand, parmi les affaires, il veut relâcher un peu son esprit trop tendu, ainsi que fait un joueur de lyre quelques cordes pour les retendre soudain après, et remettre sa lyre en meilleur accord. Ses propos doivent lors être courts comme son loisir : et semble qu'en ceci l'éloquence ne soit guère requise, vu que son propre est d'étendre les choses et de les amplifier par beau langage.

Toutefois ceux qui ont anciennement emporté le prix de bien dire ont été aussi beaucoup estimés pour savoir parler court en temps et lieu : principalement pour savoir user à propos de quelque mot aigu et de gentille rencontre. En quoi tout prince qui voudra suivre votre exemple se saura bien garder de poindre trop âprement. Car encore qu'un Roi puisse non seulement dire, mais aussi faire tout ce qui lui plaît, si est ce qu'en ceci où il cherche du plaisir il y doit avoir aussi quelque contentement pour ceux à qui il parle ; de sorte que ses propos semblent plutôt chatouiller que piquer aigrement, tant pour retenir l'autorité et la gravité que telle chose diminue, que pour ce que les hommes souvent endurent fort impatiemment un trait de moquerie, mêmement quand il est jeté par celui contre lequel on n'ose user de revanche. Il peut néanmoins toucher

quelquefois jusqu'au vif, sous paroles douces et couvertes, ainsi que fit le Roi Louis onzième un certain évêque qu'on lui avait nommé pour l'envoyer ambassadeur à Venise. Celui qui l'avait nommé et désirait l'avancer à cause qu'il était son parent, quand le Roi lui demanda quel homme c'était : « Il est, dit-il, évêque de tel lieu, abbé de telle abbaye, seigneur de telle et de telle terre », épluchant par le menu toutes ses qualités. « Où il y a tant de titres, répondit le Roi, il y a peu de lettres. »

Jacques AMYOT
Projet d'éloquence royale
rédigé à l'intention d'Henri III, et demeuré manuscrit du vivant d'Amyot

Stéphane Mallarmé par Paul Gauguin (eau-forte de 1891).
*Ce portrait est un hommage du peintre à l'auteur de l'*Après-midi d'un faune *(l'oreille en pointe rappelle celle des faunes), et au traducteur du poème* le Corbeau *d'Edgar Poe.*

VULAINES-SUR-SEINE

MALLARMÉ, LE POÈTE À LA YOLE

par Jean-Luc Steinmetz

Tout le monde a un pays natal,
moi j'ai adopté Valvins.
Stéphane Mallarmé

En 1871, Mallarmé jeune professeur d'anglais qui vient de passer d'ennuyeuses années d'enseignement en province est enfin muté à Paris, au lycée Fontanes (actuel Condorcet) et s'installe au 87, rue de Rome. Avec certains de ses nouveaux amis, il se rend parfois en forêt de Fontainebleau. Un jour, l'expert japoniste et critique d'art Philippe Burty lui signale qu'est à louer en partie une petite maison, dans le hameau de Valvins qui ne compte alors que quelques dizaines d'habitants et s'étend à la lisière de la forêt, le long de la Seine. Ancienne auberge de rouliers, l'habitation comporte un étage auquel on accède par un escalier extérieur ; l'arrière est occupé par un verger.

Mallarmé séduit par ce *home* rustique, qu'il doit cependant partager pour moitié avec un autre locataire, décide d'y passer de premières vacances d'été en 1874. Il reviendra là jusqu'à sa mort, pendant presque un quart de siècle, dès que la moindre période de congé scolaire le lui permettra ; et c'est dans cette retraite provisoire qu'entouré de sa femme Marie, de sa fille Geneviève, dite Vève, et de son jeune fils Anatole, non seulement il se livrera à maintes méditations, écrira d'admirables textes (*le Nénuphar blanc, la Gloire,* etc.), mais vivra les heures les plus heureuses de sa vie.

Le logis est exigu cependant ; il se compose d'une cuisine-salle à manger donnant sur le jardin, d'une alcôve pour Marie et Mallarmé, d'un coin pour les enfants et du cabinet de travail du poète qui s'ouvre sur la Seine et qu'il se plaît à orner d'étoffes et de paravents japonais. Pendant plusieurs décennies cette exiguïté lui conviendra, d'autant que l'homme d'intérieur qu'il est, enfermé dans son appartement près de la gare Saint-Lazare, n'hésite pas ici à sortir, à faire de grandes promenades dans la proche forêt. Bientôt, grâce à d'obscurs travaux linguistiques heureusement bien rétribués, il parvient à se procurer le *nec plus ultra* de l'estivant valvinois : une embarcation, simple yole d'abord, à laquelle il donne le nom de Vève, et une carriole en pitchpin traînée par le petit âne Gobe-Mouches et, plus tard, par la jument Colette.

Mallarmé raffole des rites qui tendent à constituer le quotidien en mythologie personnelle – et le trajet qu'il accomplit pour rejoindre Valvins en est un, assurément : le train pris à la gare de Lyon, une heure de parcours cadencé jusqu'à la station « Fontainebleau », le chemin forestier en passant par Les Plâtreries, ancienne propriété du peintre Biard (dont la femme a fauté avec Hugo !), la traversée du pont de pierre, enfin la silhouette de la maison entre les arbres, la grille poussée, l'escalier gravi – et les vieilles salles du haut qui livrent d'un coup leur odeur de campagne. Lui, l'homme de *la Dernière Mode,* vient là dès qu'il peut s'échapper de Paris – sous le froid aigrelet d'avril, en mai où s'éveillent les fleurs et surtout pendant les grandes vacances jusqu'à la rentrée, le

1er octobre, à laquelle il ne consent qu'à contrecœur, car la période automnale est celle qu'il admire le plus, quand les grands arbres, en face, pavoisent leurs couleurs : rousseurs et dorures des feuillages. Il est à son aise, rêve, flâne, écrit, selon cette délicieuse paresse qui lui fait assister à l'éveil de sa pensée et chercher tout un après-midi, près des remous de l'eau quand passe un chaland, la formule la plus exacte, composer ces énigmes superbes qui, comprises, soulèvent un pan du voile de la vie.

Les premières années, pourtant, un événement terrible le frappe, flèche dirigée d'un fond d'obscurité sur lui. Tole, le fils aimé, qui n'a que huit ans, atteint d'une maladie de cœur fatale, va passer là une dernière saison avant de mourir, et le petit cimetière de Samoreau tout proche recueillera son corps. Ce drame placera dorénavant près de l'éden de Valvins un lieu funèbre que Mallarmé n'oubliera jamais. Pourtant, surmontée cette épreuve, la vie reprend son cours ; la célébrité même, à partir des années 1880, l'atteint, malgré lui, et Valvins chaque été devient un lieu de rencontres et d'amitiés.

Depuis les débuts des pleinairistes, Fontainebleau était l'endroit chéri des peintres sur le motif. Des écrivains allaient également en éprouver le charme. Alors même qu'ils ne sont qu'adolescents, les frères Margueritte, Paul et Victor, fréquentent les Mallarmé ; leur mère, Eudoxie, n'est autre qu'une des cousines du poète, qu'il a bien connue dans son enfance ; elle possède une maison à Samois, sur l'autre rive. Durant deux étés, en 1881-1882, ils vont monter avec Geneviève et quelques autres un « petit théâtre ». Les pièces, en un acte pour la plupart, et dues aux poètes de ce temps, Banville, Coppée, et d'autres, sont jouées dans un local qui donne sur la Seine ; le public se compose des habitants du coin. Mallarmé à lui seul remplit les fonctions de prologuiste, metteur en scène et… souffleur. Belle et courte expérience qui place sous la lumière du divertissement un homme que l'on a trop tendance à confiner dans un hermétisme incurable.

Bien des futurs amis s'installent dans le voisinage : Élémir Bourges, le romancier du *Crépuscule des dieux*, ou le peintre Odilon Redon, son épouse réunionnaise et leur fils Arï, que l'on baptise à Samois. Paul, le fils du célèbre Nadar, photographe lui-même, trouve aussi une habitation dans les environs. Tout ce petit monde se fréquente, se rend visite sur visite et le « capitaine » Mallarmé prend volontiers à bord de son nouveau bateau, le *SM*, quelques passagers pour une odyssée de courte durée jusqu'à Thomery, Champagne, Héricy. Souvent on explore en cart[1] la forêt, d'inépuisable ressource ; durant l'été 1893, Julie et Berthe Morisot (déjà veuve d'Eugène Manet) passent des vacances à « Valvins-les-Bains ». Mallarmé, ravi et attentionné, les conduit au point de vue de la Reine-Amélie, au calvaire de la Roche-Éponge, au mont Chauvet.

Anticipant l'heure de sa retraite, le professeur moqué s'est, en effet, résolu à quitter l'enseignement plus tôt que prévu, à l'âge de cinquante et un ans ; et depuis il s'adonne à Valvins comme au plus irrésistible bonheur. Il passe là près de six mois par an. Les habitués de ses mardis de la rue de Rome attendent patiemment la fin de l'automne pour le voir réapparaître.

1. Charrette anglaise attelée, à deux roues.

Portrait de Stéphane Mallarmé au châle, photographie de Paul Nadar (1895). Méry Laurent, l'égérie du poète, lui avait offert ce châle et, très frileux, il le portait toujours dans la maison.

La venue à Valvins prend, du reste, pour chacun d'eux, l'allure d'un vrai parcours initiatique, d'autant plus que l'on sait Mallarmé plus vrai, plus détendu dans sa campagne que lors de ses soirées parisiennes où, bon gré mal gré, il joue à être... Mallarmé.

Certes, il arrive que la modernité la moins exaltante rattrape le maître aux champs, et c'est d'un mauvais œil qu'il voit le campement, dans les communs de la maison, des cheminots qui construisent la nouvelle ligne de chemin de fer passant par Vulaines, à deux pas de chez lui. Mais, oubliés de tels inconvénients que réserve inéluctablement la vie en société, il savoure de longues journées de bonheur. Lui-même, ayant trouvé son site, finit par en être l'enseigne indispensable. On ne conçoit plus les beautés de Valvins sans la vareuse bleue, la pipe en terre rouge du capitaine. Son ermitage attire alors le meilleur de la littérature contemporaine : les Mirbeau, les Rodenbach, le prince Poniatovski, créateur d'une admirable mais éphémère *Revue franco-américaine* ; la plupart logent aux Plâtreries, devenues hôtel, et passent des heures charmantes avec le « Faune », entre cour et jardin, non loin de la Seine. Le temps vient des reportages, et l'on dépêche à l'occasion un interviewer, comme Maurice Guillemot du *Figaro*.

Depuis quelque temps, le rentier, pensionné de l'État au titre des Arts et des Lettres, jouit d'une situation plus favorable. Ses propriétaires, les Houdry-Mary, ont consenti à lui louer les pièces du bas. L'espace qu'il occupe s'est agrandi, et Mallarmé peut prolonger en toute quiétude ses « fiançailles avec Valvins », que Geneviève (qui « a la main verte ») veille à fleurir : rosiers, soleils, pivoines, faux ébénier. La plus faste période s'ouvre en 1896, quand les riches Natanson Thadée, le directeur de *la Revue blanche,* et sa femme, l'excentrique Misia, excellente pianiste, s'avisent d'acquérir l'ancienne maison des Prunaire, proche de celle de Mallarmé. Pendant quelques mois, « La

Stéphane Mallarmé. Dessin de Paul Verlaine brossé au cours d'un des Mardis littéraires de la rue de Rome.

Grangette » ne désemplira pas d'amis illustres, surtout des peintres : Bonnard, Vuillard et Lautrec. À ceux-là se joint occasionnellement, côté Mallarmé, l'« escadron » des jeunes filles : Geneviève, Julie, la fille de Morisot, et les deux Gobillard, Paule et Jeanne (future Mme Valéry). Cette année, malgré les frimas de novembre, Mallarmé va prolonger son séjour, alors même que les « dames », Marie et Vève, sont rentrées à Paris, et, avec un bonheur sans mélange, il parcourt, en compagnie des Natanson, Féricy, les hauteurs de la Solle, le bosquet du Roi, la futaie de Tillaie et le mystérieux château de Fleury-en-Bière. Le soir, il regagne sa chambre, « faite à sa mesure spirituelle ».

Chaque année apporte son lot de surprises. En 1897, Marcel Schwob, l'auteur du *Livre de Monelle*, et sa compagne Marguerite Moreno logent l'été aux Plâtreries. Un jour, Rodin débarque du train ; un autre, c'est Whistler ; mais la venue la plus attendue (bien qu'elle doive s'entourer de mille précautions) reste celle de Méry, la maîtresse présumée, la grande affection de sa vie. Les 15, 16, 17 mai, malgré les caprices du temps, il vit avec elle ses plus belles heures d'amant platonique.

Tout aurait pu se poursuivre selon le rythme varié des visites et du travail poétique continué dans le silence, à travers les mille espoirs que soulève la mise au point d'une « explication orphique de la Terre ». Un 14 juillet 1898, institué de nouveau fête nationale, Valéry se rend à Valvins, admire les récentes épreuves du *Coup de dés* ; lui et Mallarmé font du canot ; puis, sous un ciel superbement étoilé, le futur auteur de *la Jeune Parque* reprend le train. Whistler vient, un mois plus tard, avec sa boîte de peinture. Mais en septembre un subit étouffement saisit le poète. Mère et fille s'en inquiètent. Lui plus encore. Une mauvaise nuit d'insomnie : il rédige d'ultimes recommandations. Le lendemain, un nouvel étouffement, sans rémission cette fois, le terrasse ; un « spasme de la glotte », dira-t-on. Mallarmé disparaît ainsi, frappé dans l'organe même de sa parole.

L'enterrement a lieu un dimanche, par un temps de grosse chaleur, et suivi des amis habituels : Rodin, Renoir, Valéry, Schwob, les Natanson, Jarry, tant d'autres. Mallarmé repose dans la petite concession où se trouvait Anatole déjà. « Il aura la même vue que de sa fenêtre », remarque Valéry en manière de consolation désabusée. La Seine, oui, encore. Mallarmé demeure là, sous une tombe modeste, où le rejoindront Marie, puis Vève, devenue Mme Bonniot ; auprès de cette tombe, plus tard, se verra celle d'un poète de moindre envergure, Olivier Laronde. Il n'est pas facile d'y porter sa dévotion – comme ne se donne pas immédiatement la maison de Valvins, actuel musée Mallarmé. Si on en ressent vite le charme, pour peu que l'on pénètre dans les pièces reconstituées à l'ancienne, combien différentes néanmoins sont-elles des temps où il vivait là et où le silence même était le gage de son écriture en train de se poser sur la page.

Le Nénuphar blanc, conçu comme un poème en prose, raconte une promenade en barque sur la Seine jusqu'à la propriété d'une femme. Restant caché par le feuillage, Mallarmé ne fait qu'entrevoir la jupe de celle-ci venue inopinément sur la rive. Il l'imagine et rêve. Sans oser l'aborder ni se faire connaître, le rameur s'en retourne, emportant seulement de son équipée une fleur de nénuphar cueillie comme un souvenir. ■

Le Nénuphar blanc

J'avais beaucoup ramé, d'un grand geste net assoupi, les yeux au-dedans fixés sur l'entier oubli d'aller, comme le rire de l'heure coulait alentour. Tant d'immobilité paressait que frôlé d'un bruit inerte où fila jusqu'à moitié la yole, je ne vérifiai l'arrêt qu'à l'étincellement stable d'initiales sur les avirons mis à nu, ce qui me rappela à mon identité mondaine.

Qu'arrivait-il, où étais-je ?

Il fallut, pour voir clair en l'aventure, me remémorer mon départ tôt, ce juillet de flamme, sur l'intervalle vif entre ses végétations dormantes d'un toujours étroit et distrait ruisseau, en quête de floraisons d'eau et avec un dessein de reconnaître l'emplacement occupé par la propriété de l'amie d'une amie, à qui je devais improviser un bonjour. Sans que le ruban d'aucune herbe me retînt devant un paysage plus que l'autre chassé avec son reflet en l'onde par le même impartial coup de rame, je venais échouer dans quelques touffes de roseaux, terme mystérieux de ma course, au milieu de la rivière : où tout de suite élargie en fluvial bosquet, elle étale un nonchaloir d'étang plissé des hésitations à partir qu'a une source.

L'inspection détaillée m'apprit que cet obstacle de verdure en pointe sur le courant, masquait l'arche unique d'un pont prolongé, à terre, d'ici et de là, par une haie clôturant des pelouses. Je me rendis compte. Simplement le parc de Madame..., l'inconnue à saluer.

Un joli visage, pendant la saison, la nature d'une personne qui s'est choisi retraite aussi humidement impénétrable ne pouvant être que conforme à mon goût. Sûr, elle avait fait de ce cristal son miroir intérieur à l'abri de l'indiscrétion éclatante des après-midi ; elle y venait et la buée d'argent glaçant des saules ne fut bientôt que la limpidité de son regard habitué à chaque feuille.

Toute je l'évoquais lustrale.

Courbé dans la sportive attitude où me maintenait de la curiosité, comme sous le silence spacieux de ce que s'annonçait l'étrangère, je souris au commencement d'esclavage dégagé par une possibilité féminine : que ne signifiaient pas mal les courroies attachant le soulier du rameur au bois de l'embarcation, comme on ne fait qu'un avec l'instrument de ses sortilèges.

« – Aussi bien une quelconque… » allais-je terminer.

Quand un imperceptible bruit me fit douter si l'habitante du bord hantait mon loisir, ou inespérément le bassin.

Le pas cessa, pourquoi ?

Subtil secret des pieds qui vont, viennent, conduisent l'esprit où le veut la chère ombre enfouie en de la batiste et les dentelles d'une jupe affluant sur le sol comme pour circonvenir du talon à l'orteil, dans une flottaison, cette initiative par quoi la marche s'ouvre, tout en bas et les plis rejetés en traîne, une échappée, de sa double flèche savante.

Connaît-elle un motif à sa station, elle-même la promeneuse : et n'est-ce, moi, tendre trop haut la tête, pour ces joncs à ne dépasser et toute la mentale somnolence où se voile ma lucidité, que d'interroger jusque-là le mystère.

« La petite maison du bord de l'eau », face à la Seine et à la forêt de Fontainebleau, vers 1900. « Par un escalier de pierre haut et rustique, après lequel grimpe la vigne folle, on monte chez le poète. » (F. Vielé-Griffin) Pendant vingt-quatre ans, le voyage à Valvins sera un rituel dans la vie de Mallarmé.

« – À quel type s'ajustent vos traits, je sens leur précision, Madame, interrompre chose installée ici par le bruissement d'une venue, oui ! ce charme instinctif d'en dessous que ne défend pas contre l'explorateur la plus authentiquement nouée, avec une boucle en diamant, des ceintures. Si vague concept se suffit : et ne transgressera le délice empreint de généralité qui permet et ordonne d'exclure tous visages, au point que la révélation d'un (n'allez point le pencher, avéré, sur le furtif seuil où je règne) chasserait mon trouble, avec lequel il n'a que faire. »

Ma présentation, en cette tenue de maraudeur aquatique, je peux la tenter avec l'excuse du hasard.

Séparés, on est ensemble : je m'immisce à de sa confuse intimité, dans ce suspens sur l'eau où mon songe attarde l'indécise, mieux que visite, suivie d'autres, l'autorisera. Que de discours oiseux en comparaison de celui que je tins pour n'être pas entendu, faudra-t-il, avant de retrouver aussi intuitif accord que maintenant, l'ouïe au ras de l'acajou vers le sable entier qui s'est tu !

La pause se mesure au temps de ma détermination.

Conseille, ô mon rêve, que faire ?

Résumer d'un regard la vierge absence éparse en cette solitude et, comme on cueille, en mémoire d'un site, l'un de ces magiques nénuphars clos qui y surgissent tout à coup, enveloppant de leur creuse blancheur un rien, fait de songes intacts, du bonheur qui n'aura pas lieu et de mon souffle ici retenu dans la peur d'une apparition, partir avec : tacitement, en déramant peu à peu sans du heurt briser l'illusion ni que le clapotis de la bulle visible d'écume enroulée à ma fuite ne jette aux pieds survenus de personne la ressemblance transparente du rapt de mon idéale fleur.

Si, attirée par un sentiment d'insolite, elle a paru, la Méditative ou la Hautaine, la Farouche, la Gaie, tant pis pour cette indicible mine que j'ignore à jamais ! car j'accomplis selon les règles la manœuvre : me dégageai, virai et je contournais déjà une ondulation du ruisseau, emportant comme un noble œuf de cygne, tel que n'en jaillira le vol, mon imaginaire trophée, qui ne se gonfle d'autre chose sinon de la vacance exquise de soi qu'aime, l'été, à poursuivre, dans les allées de son parc, toute dame, arrêtée parfois et longtemps, comme au bord d'une source à franchir ou de quelque pièce d'eau.

Stéphane MALLARMÉ

Fernand Gregh, poète et musicien, recevait les artistes prestigieux de son temps. Maurice Ravel joua chez lui pour la première fois les Oiseaux *et Reynaldo Hahn, un habitué, aimait improviser pour les délices du poète.*

THOMERY

FERNAND GREGH, UN POÈTE ENTRE LES VIGNES ET LA FORÊT

par Claude et François CROUZET

Une des plus jolies chansons de Charles Trenet s'appelle *la Maison du poète.* C'est la maison de Fernand Gregh qu'elle évoque. Merveilleusement poétique en effet : cachée au fond du hameau de Boulainvilliers à Passy, c'était l'ancien pavillon des Eaux et Forêts de l'Exposition universelle de 1879, cerné de hauts marronniers, enfoui sous les fleurs et les feuillages ; le lycée Molière, qui en a fait l'acquisition, l'a bien sottement démolie. Mais l'heureux poète avait à la campagne une autre maison tout aussi poétique et qu'il aimait aussi infiniment : à Thomery ou plus exactement à By – encore demeure familiale aujourd'hui.

Jeune homme à la mode dans les premières années du XXe siècle, Fernand Gregh, auteur de nombreux vers autrefois salués et fêtés, oubliés aujourd'hui, est mort en Élu, après plusieurs échecs dont il était le premier à sourire, à l'Académie française. Il était devenu un vieux Parisien cultivé, courtois, ironique et indulgent.

Riche d'une foule de rencontres et souvenirs qu'il a retracés d'une plume vivace et pointue dans trois livres précieux, *l'Âge d'or, l'Âge d'airain* et *l'Âge de fer*[1].

On y voit passer Degas et Forain, Anna de Noailles, Anatole France, Heredia, Sarah Bernhardt et Mallarmé. On y rencontre aussi Pierre Louÿs, son voisin au

1. Chez Grasset.

hameau de Boulainvilliers, Ravel qui joua là pour la première fois *Oiseaux tristes,* sur le demi-queue Pleyel où Reynaldo Hahn improvisait, et Rubinstein pour les dé-lices de Fernand, fils d'éditeur de musique et qui hésita, adolescent, entre la vie de poète ou celle de musicien.

On vit un temps Apollinaire, rencontré en 1902 et qui fait rire Fernand, à peine plus vieux que lui, en lui donnant du « cher maître ». Il arrivait, « l'air un peu égaré, doux et mélancolique avec des fusées de rires, des poèmes plein les poches, toujours sur les mêmes petits bouts de papier ». Ces petits bouts de papier chiffonnés, à l'écriture changeante, signés Wilhem Kostrowitzky, nous en avons retrouvé par hasard, les yeux écarquillés : est-ce possible, la main du jeune Apollinaire ? Le cœur bat. Et il y en a d'autres, rescapés des grands *vidimus,* dans cette maison où l'on classait tout et ne rangeait rien, dans cette maison de rencontre où Jaurès et Blum ont dîné un soir ensemble, et, après la guerre, un autre soir, Mendès-France, Louis Joxe et Michel Debré !

À Condorcet, le futur poète s'était lié d'une amitié qui devait durer toute leur longue existence avec Daniel Halévy[2] et aussi avec leur condisciple le plus déroutant, le plus irritant, le plus séduisant, le plus fascinant, Marcel Proust. C'est Fernand qui a veillé Proust après sa mort, toute la nuit, seul, après avoir envoyé se reposer Reynaldo Hahn, qui n'avait pas quitté le chevet de son ami depuis plusieurs jours et nuits.

2. Écrivain, auteur de romans, et, en collaboration avec Meilhac, de livrets d'opérettes et de comédies (*la Belle Hélène,* 1864 ; *la Vie parisienne,* 1866).

Si les murs du Bois-Bliaud – c'était le nom de la maison de By – pouvaient parler, ils diraient encore bien d'autres visites, bien d'autres noms mêlant les arts, la politique, les journaux, les lettres. Sont passés ici Paul Landowski, Edgar et Lucie Faure, Gustave Lanson qui avait sa maison non loin, à Marlotte, Maurice Martin du Gard et André Labarthe, Gérard Bauer et Maurice Genevoix ; et encore Simone, Mme Simone, comédienne et romancière, le grand amour d'Alain-Fournier : c'était la meilleure amie d'Harlette Fernand-Gregh, la femme du poète, poète elle aussi et auteur d'un très brillant reportage, *Vertige de New York*. Toutes deux faisaient partie du jury du prix Femina et, toutes deux plus nocturnes que diurnes, elles se téléphonaient souvent des heures entières quand tout le monde dormait, quitte à ne se lever qu'à midi le lendemain.

À By comme à Paris, la maison était toujours ouverte, on arrivait à toute heure, pour le plaisir. Les uns entamaient d'interminables parties d'échecs, les autres lisaient à haute voix un poème neuf ou le dernier article qui faisait du bruit. Parfois on se mettait au piano, le plus souvent on se groupait auprès du feu toujours flambant et on se livrait à ce plaisir disparu : on causait. Et si la conversation dérapait sur des sujets ordinaires, jamais l'argent bien sûr, mais les automobiles, la cuisine... – quoique Fernand ait sacré la gourmandise « première poésie de l'enfance » –, quelqu'un lançait la phrase rituelle des Gregh : « Et si on parlait de choses intelligentes ? »... On riait, mais le refrain connu remettait chacun dans les sentiers de l'esprit. On entend encore à By la phrase sacrée ; elle nous a été léguée avec la maison et interrompt parfois des brouhahas imbéciles, indignes du lieu.

« Notre blanche maison est grande ouverte aux hôtes,
Pleine de jour ainsi qu'une ruche de miel :
Des fenêtres partout rêvent, larges et hautes,
Et l'on y voit passer les heures dans le ciel. »

Les Gregh et leurs deux enfants – Didier, qui sera inspecteur des finances, directeur du Budget, et la merveilleuse Geneviève, qui sera l'épouse de Maurice Druon – passaient à By la majeure partie de l'été et nombre de week-ends d'hiver.

Le maître des lieux les a peints mieux que personne, dans *l'Âge d'airain.*

By est un village qui constitue un écart de Thomery, sur la lisière même de la forêt de Fontainebleau. Rosa Bonheur y avait taillé dans les bois communaux, derrière un tout petit château du XVIIIe*, un assez vaste parc qui confondait ses grands arbres avec ceux de la forêt... Des amis s'installèrent autour d'elle, formant un petit phalanstère d'artistes dans des maisons voisines. L'un deux, le peintre Bourdon, fit construire en 1873 une assez vaste demeure coiffée d'un immense atelier. C'est cette maison qui est devenue la nôtre. Elle a* *exactement le même âge que moi, mais elle durera plus longtemps. À l'intérieur, des murs si épais qu'on a pu y creuser des armoires. Les parquets de chêne et les serrureries soignés disant l'époque de prospérité où ils furent posés. Le jardin donne dans la forêt. En faisant cinquante mètres, on est sous les grands arbres, plein de ce bonheur étrange et, je crois, natal, qu'on éprouve dans les bois.*

C'est dans cette maison-là que devait s'écouler la moitié de la vie du poète, sans cesse rajeunie par une curiosité toujours neuve, par les générations renouvelées, par la recrue perpétuelle des amis. Après les siens, ceux de ses enfants, Michel Robida, Pierre Mendès-France, Hervé Alphand et aussi, peu avant la guerre, un jeune normalien destiné à renforcer le latin un peu chancelant de Geneviève, Pierre Brossolette. Un peu chancelant lui aussi : reçu premier rue d'Ulm, « il était arrivé épuisé de son concours, hâve, défait, le teint vert, s'évanouissant à tout bout de champ ; le plus clair des leçons se passait pour son élève à lui mettre des compresses sur la tête ». Vite devenu un ami véritable, le jeune précepteur fut mis comme tous à contribution. « C'est Brossolette qui a repeint la salle à manger. Ma femme méditait d'écrire un traité *De l'utilisation rationnelle des invités.* »

La vie à By était douce, alors. On y savourait bien des instants de bonheur. Fernand Gregh les fait goûter à son tour. « Les murs extérieurs de notre maison sur la rue étaient autrefois garnis de ceps de vigne, comme ceux de tout le village. Souvent la nuit je sortais du salon ou je travaillais très tard, de plain-pied avec le jardin ; j'ouvrais la porte sur la rue et, à tâtons, soulevant les feuilles dans

Fernand Gregh et son épouse, dans le jardin. La vie à By était douce alors. On y savourait bien des instants de bonheur.

les ténèbres, comme une jupe mystérieuse, je cueillais la grappe obscure que je rentrais manger toute fraîche de rosée. »

Mais le grand bonheur de la maison de By, sa merveille, était, côté jardin, la forêt, dont séparaient deux fils de fer. Fernand en fut l'inlassable amoureux. Au point – ce qui est un comble pour un vrai lyrique, en constante osmose avec la Nature – de dénigrer la montagne « écrasante et peu chantée par les poètes » et la mer moins « recommencée » que ne la trouvait Valéry, son voisin et ami de Valvins : « Elle a quelque chose de monotone, un vide sublime et triste. »

Ah ! mais la forêt, la sienne surtout, « la plus belle de France » !

« Je filais à bicyclette après le déjeuner, j'avais sept heures devant moi pour errer sous les arbres, m'arrêter à l'ombre de tel vieux chêne immense ou au haut d'un rocher sur la mer bleue des feuillages, entrer dans quelque auberge, y boire un verre de vin blanc en crayonnant des vers au dos d'une enveloppe. En saison les sous-bois étaient pleins de cèpes, que je rapportais triomphalement. » Et cette balade d'automne, « quand chaque essence a sa jonchée jaune, rouge, ambre, ocre à ses pieds et qu'on rentre au crépuscule dans l'odeur de tanin des feuilles mortes, en sentant avec acuité l'hiver descendre ».

Au retour, passés les deux fils de fer rouillés, après la forêt cathédrale, le poète arrive en son jardin.

Me voici dans mon doux et vieux jardin de By [...]
Mon cœur fond devant un chœur blanc de bouleaux,
Dans une petite clairière,
Devant un vieux verger où quelques loriots
Rient dans la brume printanière,
Devant un doux pêcher rose dont la couleur
Pâlit dans l'or bleu qui recule,
Tandis qu'une odeur faible et fine d'arbre en fleur
Enivre l'humble crépuscule.

Enfin, voici la haute maison où le promeneur retrouve au coin du feu des amis qui passaient et se sont arrêtés parler un peu « de choses intelligentes ». Les amis, c'est l'autre magie du Bois-Bliaud. Fernand Gregh l'a dit dans ce simple quatrain qu'il a appelé « Inscription pour une maison de campagne », où il livre l'essentiel, le meilleur de ce qui fait le secret heureux de By :

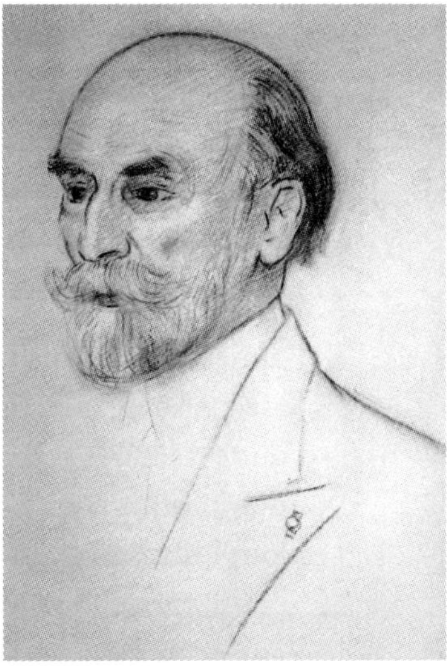

Notre blanche maison est grande ouverte aux hôtes,
Pleine le jour, ainsi qu'une ruche de miel :
Des fenêtres partout rêvent, larges et hautes,
Et l'on y voit passer les heures dans le ciel. ■

Je vis…

Je suis entré dans le tourbillon de la vie…
Je suis tremblant, hagard, brisé, tendu, nerveux ;
Je suis plein de regrets, de désirs et de vœux,
De souvenirs, d'espoirs, d'envies…
Je ne sais plus ce que je veux ;
Je trébuche aux tournants des chemins poursuivis.
Je me sens incertain, épars, divers, nombreux…
J'ignore si je suis heureux :
Je vis

J'aime, et je ne sais comment j'aime :
Je frissonne, j'ai peur comme un homme charmé,
J'aime de longs yeux noirs, caressants et soyeux,
Tour à tour graves ou joyeux,
Dont les cils font une ombre alors qu'ils sont fermés,
Si douce qu'elle semble un regard elle-même ;
J'aime une bouche fraîche, une bouche embaumée,
Des cheveux ondoyants fins comme une fumée,
Des doigts légers où rit une petite gemme,
Et je ne cherche pas à savoir comment j'aime,
Comment je suis aimé :
J'aime

Inlassable amoureux de la forêt de Fontainebleau.

Je vis, je vais parmi les choses :
Bonnes, mauvaises, je ne sais,
Car je suis souvent caressé
Par elles, et souvent blessé.
J'aime décembre et juin, les cyprès et les roses,
Les grands monts bleus, les humbles coteaux gris,
La rumeur de la mer, la rumeur de Paris...
Bonnes, mauvaises, je ne sais :
Je vis, je vais, j'aime les choses

Fernand GREGH,
de l'Académie française

Les Clartés humaines 1904

Après avoir fait de nombreux séjours à l'hôtel de l'Aigle noir de Fontainebleau, Milosz s'installe à l'automne de 1938, au 28, rue Royale. Mais il ne lui reste plus que quelques mois à vivre.

OSCAR MILOSZ ET SON NOURRISSOIR, À FONTAINEBLEAU-LES-ROSSIGNOLS

par Pierre GARNIER

Il me semble toujours plus difficile d'écrire sur un poète parce que la poésie passe à côté de ce monde virtuel et de communication qui est le nôtre ; la langue du poète n'est pas celle de la communication :

Les torrents de troupeaux descendent vers
les bergeries l'ombre est sur An-Dor et Pau
du pays d'Esaü sur Matred Toled Beith
Àram sur tout Sparad de Judée Mémoire
étoilée nuit d'Israël en esprit
Espace projeté par les yeux de brebis...

Cette langue fascinante écrite par Oscar Milosz alors qu'il fréquentait souvent Fontainebleau et sa forêt est autre chose qu'une description, ou bien c'est une description de l'âme au travers des mots, insitué, insituable sinon en esprit ; ce psaume à *l'Étoile du matin* exige beaucoup de silence, de connivence avec le poète et c'est ce qui explique la grande difficulté de lire de la poésie pour une humanité accrochée aux mass médias et habituée davantage à son quotidien du matin qu'à la langue « supérieure » du poème ; d'où la difficulté aussi de dire la vie de Milosz à Fontainebleau, lui qui ne voit que l'esprit des choses, et même si dans une lettre il parle de « Fontainebleau-les-Rossignols », même s'il s'illustre par la construction d'un nourrissoir pour les oiseaux du parc du château, il n'en parle pas dans ses poèmes ; il dit l'oiseau, il ne le décrit pas :

Et il y a l'oiseau de cristal qui dit mlî
D'une gorge douce
Dans le vieux jardin somnambule de l'enfance

Bien sûr les séjours que fait Milosz à Fontainebleau sont liés à la nature, au château, à son parc et à ses oiseaux, et il lie ses séjours à la poésie, à sa poésie. Si cela se pouvait, ce serait un Fontainebleau-de-l'Âme que nous devrions décrire.

Milosz devant son nourissoir en compagnie de Mmes de Tinan, de Lauris et de Brimont.

C'est en 1913 que Milosz vint pour la première fois à Fontainebleau ; ses amis Léon Vogt et sa femme s'étaient installés à Melun où ils avaient loué une petite maison avec un joli jardin ; Milosz venait souvent les voir, et avec eux il découvre la forêt voisine. Mais ce n'est qu'à partir de 1930 que Milosz prit l'habitude de venir régulièrement à Fontainebleau, pour passer une dizaine de jours à l'Aigle noir, hôtel qu'il affectionnait. De 1930 à 1938, on relève une trentaine de séjours. À l'automne 1938, Milosz prend sa retraite de fonctionnaire à la légation de Lithuanie, à Paris, et s'installe au 28, rue Royale, à Fontainebleau, tout en gardant son logement parisien de la rue Chateaubriand. C'est à Fontainebleau qu'il mourra, le 2 mars 1939.

Nul ne sait vraiment ce qui a attiré le poète à Fontainebleau – une certaine tradition qui s'est établie, et sans doute aussi les oiseaux, car ces êtres ailés jouaient un rôle de plus en plus important dans sa vie au fur et à mesure qu'il s'enfonçait dans l'exégèse des textes sacrés.

Je me permets de citer un passage de l'allocution que je prononçais le jour de l'inauguration de la place Milosz à Fontainebleau, le 1er juin 1975 :

« Il faut savoir, en abordant Milosz, que l'hirondelle et l'alouette ont une importance considérable “ pas seulement comme signes ”, et qu'il est de la plus haute mission du poète de l'exprimer. Lire Milosz, c'est rejeter l'idée que le poète se cantonne dans l'écriture, ne dise rien, ne fasse rien “ avec sentiment ” et taise le cœur devant le cerveau. Lire Milosz, c'est savoir profondément que le poète n'écrit que pour les oiseaux et pour Dieu. Que les hommes ensuite s'y retrouvent. Car ce que le poète veut écrire est tout autre chose que l'écriture quotidienne ; je dis même que si le poète avait clairement conscience de n'écrire que pour la fourmilière humaine, il cesserait ses écritures. Milosz, comme tout poète, a toujours porté en lui de secrets espoirs dans l'au-delà, le désir d'être entendu au moins de l'univers sinon de Dieu ; bref, il tente par son écriture de dépasser l'homme, sinon de l'oublier ; son jeu, car il en a un, tente de l'anoblir et de l'accomplir, c'est toujours auprès de l'Éternité, dans d'autres jardins. »

C'est ainsi qu'il faut comprendre les relations de Milosz et de Fontainebleau comme celles que pourrait entretenir un franciscain :

Rien ne saurait te séparer de ta mère la terre,
De ton ami le vent, de ton épouse la lumière.

Là encore il ne faut pas prendre Milosz au pied de la lettre ; l'amour dont il parle est celui de la nature profonde, de la nature en esprit. Dans une lettre à Ernest Gegenbach, du 10 août 1938, Milosz résumera cet amour trompeur. « La Nature, si belle aux yeux de la plupart des hommes, est une sorte d'absolu de la laideur et de l'infamie. Nous ne la supportons que parce que tout au fond de nous-mêmes survit le souvenir d'une première nature qui est divine et vraie. » Et Milosz ajoute : « La Révolution vraie sera celle qui transmuera la nature seconde, puanteur, mensonge, laideur et férocité, et lui rendra sa physionomie angélique de fille de Dieu, de Nature Première. »

Pour ce poète, les créatures sont toutes égales : elles naissent, vivent, meurent, ont de la détresse et de la joie, de l'amour et de la haine ; la hiérarchie de l'intelligence n'est pas ce qui compte d'abord ; toutes les créatures, bêtes et hommes, se heurtent aux situations limites, à la maladie, à l'accident, au hasard, à l'amour, à la mort. Milosz dit son amour pour la pauvre créature, pour les chevaux des vieux faubourgs, pour les ouvriers, les oiseaux, pour les faibles, pour la primitive nature :

Puis l'automne venait avec ses bruits d'essieux,
[de haches et de puits,
Comme la fuite du lièvre au ventre blanc
[pour la première neige.

Milosz, qui était d'origine lithuanienne, fit ses études en France. Ses débuts poétiques se firent sous l'influence du symbolisme.

Car, ne cesse de répéter Milosz, « hormis le tendre Amour tout est mort et mensonge ». La nature qui est nôtre et nous entoure est simultanément enfer et paradis ; elle ne correspond pas à ce magnifique vers de Milosz :

Que le monde est beau, bien-aimée,
[que le monde est beau !

Si le monde est beau, c'est qu'il porte les traces de la nature originelle, de la création ; la trace de la première nature de Dieu (« Tout le royaume de l'amour sent la fleur d'eau »).

Quarante ans
Pour apprendre à chercher la Cité, ô Jérusalem !
Tu n'es pas un désert de pierres liées de chaux,
[de sable et d'eau
Comme les villes des hommes,
Mais au sein du Réel, dans le silence de la tête,
Le planement muet de l'or intérieur.

Portrait du poète en oiseau

En nous promenant, ma sœur de C. C.[1] et moi, dans le parterre, nous apercevons dans le boulingrin une sorte de cage tournante en bois. Intriguées, nous nous approchons et nous lisons : « Milosz, poète ». De plus en plus intéressées nous questionnons le garde, qui nous dit : « C'est pour attirer les oiseaux. C'est un grand qui vient tous les jours depuis dix ans. Il n'est pas méchant et cause très bien. Si vous venez vers trois heures, vous le verrez entouré d'oiseaux. »

Nous continuons notre promenade en parlant de cet oiseleur que nous voudrions bien connaître, car nous avions plusieurs oiseaux familiers venant chez nous ; peut-être nous donnerait-il des indications pour les apprivoiser encore davantage.

Le lendemain, le 18 janvier 1936, nous étions au boulingrin à 3 heures, et nous apercevons un monsieur appuyé sur la balustrade de l'avenue Maintenon. Croyant trouver un charmeur d'oiseaux, nous nous approchons et nous lui demandons comment il a pu attirer tant d'oiseaux. Mais, tout d'abord, nous avons eu l'impression d'un aigle farouche que l'on aurait surpris. Il ne pouvait maîtriser sa colère d'être découvert et que l'on ose l'interroger. Aussi allions-nous faire le geste de nous retirer discrètement, lorsqu'il se radoucit et consentit à nous mettre au courant de son organisation de nourriture. [...] Il était beau, grand, plein de race et de distinction, ayant les manières d'un diplomate grand seigneur. [...] Ses phrases lapidaires nous avaient frappées. Nous étions en face d'un être exceptionnel, un artiste, un poète, plein d'esprit, de finesse, de grandeur. Toujours par discrétion, nous l'avons quitté, non sans regret, car nous avions l'impression d'un envoyé céleste appelé à avoir une place dans notre vie.

Mme de TINAN
Souvenirs

1. Madame de Caraman-Chimay.

Aussi serait-il vain d'attendre de Milosz une description de Fontainebleau ou de sa forêt ; les forêts lithuaniennes de son enfance sont aussi enveloppées des rêves du conte, de la brume, du « planement muet de l'or intérieur ». Milosz vit à Paris ou à Fontainebleau sans être exactement ni à Paris ni à Fontainebleau ; il est et il n'est pas :

Mère ! mes sources voilées du Mouvement
Sont en un lieu obscur et défendu
Dont le nom est vallée de la Séparation. Là
Les mondes et les cœurs soupirent l'un vers
L'autre en vain.

Jacques Buge écrit à propos des dernières années de Milosz, quand il séjourne de plus en plus et toujours plus longuement à Fontainebleau : « Nous le retrouvons hanté par ses découvertes exégétiques et par l'imminence du cataclysme universel prédit par lui depuis des années. C'est avec les oiseaux qu'il apprivoisa en liberté son seul sujet de préoccupation. »

Chaque année, à l'initiative des Amis de Milosz[1], se déroule à Fontainebleau un pèlerinage littéraire qui réunit les fidèles admirateurs du poète. Après s'être recueillis devant sa tombe au cimetière de Fontainebleau, ils se retrouvent pour un traditionnel déjeuner à l'hôtel Legris et Parc, puis pour une lecture de ses poèmes.

Sa correspondance avec M. Lézier, propriétaire de l'hôtel de l'Aigle noir, évoque son grand sujet de préoccupation. ■

1. Le président d'honneur des Amis de Milosz est Czeslaw Milosz, prix Nobel de littérature, cousin d'Oscar Milosz.

Le passereau de la rue du Bac

J'ai pris la liberté – que vous voudrez bien, dans Votre grande indulgence à mon égard, me pardonner – d'envoyer à votre adresse une caisse renfermant une cage […]

On m'a signalé, il y a environ dix jours, chez un petit marchand d'oiseaux de la rue du Bac, la présence d'un petit mulet (enfant de canari et de chardonneret) d'une extrême gentillesse et d'une vive intelligence. Lui ayant rendu visite, je l'ai trouvé si charmant et si malheureux […] que dans mon émotion […] je l'ai acheté, et ma foi je ne le regrette pas, car il me régale, tous les matins, d'aubades merveilleuses et, tous les soirs, de non moins émouvantes sérénades qui rompent un peu la monotonie de la terrible existence que je mène entre mon bureau et ma mansarde, où je déchiffre d'arrache-pied mes textes hébraïques et araméens.

La cage que j'expédie est destinée à servir d'habitat à mon musicien ailé pendant mes séjours à l'Aigle noir, que j'aime tant.

O.V. de L. MILOSZ
Lettre à M. Lézier, Paris, 2 février 1937

À l'adresse de l'Aigle noir

Au cours d'un de nos récents entretiens, je crois avoir fait allusion à l'installation prochaine, dans les jardins du château, d'un nourrissoir pour les petits oiseaux.

Je suis un peu confus d'avoir à revenir aujourd'hui sur ce sujet, en vous priant de vouloir bien me pardonner la nécessité où je me suis trouvé de faire intervenir dans cette histoire de passereaux un personnage de l'importance de mon Ami de l'Aigle noir. Puisse le roi des Oiseaux marquer quelque indulgence à mon excès de zèle envers ses petits sujets !

Dans mon désir de Vous épargner tout dérangement, j'ai longuement examiné, avec la Ligue française de la protection des oiseaux, les possibilités qui s'offraient quant au moyen de faire parvenir l'appareil à destination sans importuner personne. Hélas ! en l'absence de tout représentant de la Ligue à Fontainebleau, force nous fut de recourir à Votre bienveillance.

C'est donc à l'adresse de l'Aigle noir que le nourrissoir sera expédié de Versailles, où l'on est en train d'y mettre la dernière main.

O.V. de L. MILOSZ
Lettre à M. Lézier, Paris, 26 novembre 1934

LE FIGARO

BARBIZON

ANDRÉ BILLY, DANS LA VALLÉE DE JOSAPHAT

par Michel DÉCAUDIN

Une de nos premières rencontres avait été organisée par Robert Carlier, alors responsable du Club du meilleur livre, pour lequel il m'avait demandé de faire une édition de *Calligrammes*. « Il faut en parler à Billy », m'avait-il dit, et j'avais volontiers accepté, tout en sachant que le vieil ami d'Apollinaire appréciait peu ses innovations poétiques.

Voilà comment nous nous trouvâmes un soir tous trois dans un petit restaurant de la place de la Bastille, aujourd'hui disparu. C'est notre invité, gourmet raffiné, qui présida à la composition du menu. Mais le plaisir de la conversation, animée et passionnante, prit facilement le pas sur la gastronomie. L'académicien Goncourt, le chroniqueur du *Figaro* passait allègrement du dernier potin parisien à la mémoire d'Apollinaire et de l'avant-guerre – celle de 1914. Jusqu'à ce qu'un regard sur l'horloge le fît s'écrier : « Mon dernier train ! » et s'élancer, nous le suivant, vers la gare de la ligne de Saint-Germain, qu'a aujourd'hui remplacée l'Opéra de la Bastille. Il grimpa à la dernière minute dans le dernier wagon et nous le vîmes, penché à la fenêtre, alors que son train s'éloignait sur le viaduc – aujourd'hui converti en « trouée verte » – qui longe l'avenue Daumesnil.

Il rentrait à Barbizon, à *La Chevrette*, « sa vraie demeure » comme l'a dit Maurice Genevoix, pour laquelle il avait quitté son appartement parisien.

Il avait cependant été Parisien dans l'âme, cet enfant de Saint-Quentin, cadet d'un an d'André Salmon, de deux d'Apollinaire, ses complices en bohème et en journalisme. À leur différence il n'était pas poète, et ses débuts d'écrivain furent ceux d'un romancier, avec *Bénoni* en 1907, vocation à laquelle il resta fidèle puisqu'en 1954 encore il publie *Madame.*

Mais sa véritable voie était ailleurs. Journaliste, il le fut tout au long de sa carrière, depuis les quotidiens d'avant 1914 ouverts à la littérature et aux arts, où il tint rubriques et échos, particulièrement à *Paris-Midi,* jusqu'à *l'Œuvre,* à laquelle il collabora de nombreuses années, et surtout, après la dernière guerre, au *Figaro littéraire* avec des « Propos du samedi » où, de semaine en semaine pendant plus de vingt ans, l'actualité le conduisait à évoquer un passé toujours haut en couleurs.

Romancier préférant l'analyse des caractères à l'observation, chroniqueur de son temps, il en est facilement venu à la biographie. Diderot, dont l'esprit universel et l'audace de pensée le séduisaient, l'a d'abord attiré. De Sainte-Beuve il éclaira le drame psychologique et sonda l'œuvre critique. Les romanciers du XIXe siècle enfin, Balzac, Stendhal – son « cher Stendhal » –, Mérimée, les Goncourt (académie oblige !) l'ont retenu, ainsi que la romantique Hortense Allart et ses nombreuses aventures amoureuses. Mais Apollinaire est celui dont il aura le plus constamment entretenu ses lecteurs, depuis cet *Apollinaire vivant* de 1923 – que certains, Aragon le premier, trouvèrent trop anecdotique – jusqu'à l'*Avec Apollinaire* de 1966 et diverses chroniques publiées l'année même de sa mort.

C'est à Barbizon, en bordure de forêt de Fontainebleau, qu'il écrivit ses grandes biographies, ses souvenirs, ses chroniques hebdomadaires et ses ouvrages *les Beaux jours de Barbizon* et *Fontainebleau, délice des poètes,* où il célébra le destin artistique et littéraire de son pays d'adoption. Armand Lanoux a évoqué avec beaucoup de finesse et de sensibilité le pacte qui, selon lui, liait aux arbres et aux forêts celui qui fut pendant treize ans président des Amis de la forêt de Fontainebleau :

« Je revois André Billy beaucoup plus dans le cadre de cette forêt dont il était le frontalier et quelque peu le garde forestier honoraire que dans les rues d'un Paris

André Billy au cours de la fabrication du Figaro.

ou les traboules d'un Lyon que, pourtant, il aimait d'une curiosité de gastronome des plats et des bouquins. [...]

C'est un jour de l'année 1954 ou 1955 qu'il me conduisit devant un chaos rocheux, noir et blanc, saignée apocalyptique entre les grands arbres qui se groupent par bibliques familles ; je restai stupéfié devant ce troupeau de mammouths pétrifiés par quelque planétaire catastrophe. "C'est la vallée de Josaphat, me dit André. C'est ainsi que je vois la vallée de Josaphat." André Billy venait de donner son cœur, avec la légère amertume de la bouche et l'éclair de l'œil qu'il savait adoucir jusqu'à l'enfance. Ce jour-là, j'appris dans la vie, c'est-à-dire sans lire, que, si André Billy habitait à la lisière d'une forêt, une forêt l'habitait. »

Ces mots furent prononcés lors de l'inauguration du carrefour André-Billy en forêt de Fontainebleau, le 23 octobre 1971. Le souvenir de l'écrivain se perpétue ainsi dans cette nature qu'il aimait, cette chère forêt qu'il parcourait à cheval, autant qu'à la bibliothèque de Fontainebleau, où sa bibliothèque et ses dossiers, qui constituent une source importante d'informations sur le dernier siècle, sont maintenant conservés. ■

Je prenais le train à 1 heure 30 à la gare de Lyon, je le quittais une heure plus tard à Bois-le-Roi et, par le pavé de la Cave et la route de la Vallée creuse, me dirigeais vers Barbizon. Quelle dilatation quand, au sortir de la gare, j'apercevais devant moi les profondeurs de la vieille forêt druidique. [...] L'hiver surtout, quand il eût fallu plutôt l'appeler la « grande rousse » et que le vent balançait et faisait grincer comme des mâts de navires les arbres aux branches dépouillées, seul avec mon brave chien dont je ne dirai pas que le plaisir ne comptait pour rien dans la régularité de mes excursions hebdomadaires, je me sentais déborder de bonheur. [...]

Il appréciait certainement autant que son maître les délices du vagabondage parmi les rochers et les fougères. L'allée des sapins du pavé de la Cave nous conduisait d'abord de l'Ermitage de la route de Bourgogne à la route de Brie, que nous coupions pour prendre le chemin de Chailly à Samois, et nous arrivions au carrefour des Longues Vallées, au bas du versant oriental des monts de Fays que nous abordions par la route Ronde, quittée avant la table du Grand-Maître pour la route de la Vallée creuse. Il existe par la Bécassière un itinéraire plus court ; il n'offre pas autant de pittoresque et de variété. [...] Un de mes sites, j'allais dire comme si j'étais peintre : un de mes motifs de prédilection, était la délicieuse mare à Piat, ses bouleaux et ses

Prendre le train pour Bois-le-Roi, le vendredi, était devenu un véritable rituel dans la vie d'André Billy. De là, avec son chien, par le pavé de la Cave et la route de la Vallée creuse il se rendait à pied jusqu'à La Chevrette, sa maison de Barbizon.

roches d'un style si Second Empire, si évocateur de Corot et de Courbet. En hiver, elle ne présente souvent qu'une surface de glace où des roseaux desséchés se hérissent en frissonnant. L'été, l'approche du promeneur y provoque le plongeon des grenouilles et l'on voit dans l'eau transparente, entre les nénuphars, glisser des poissons. […]

Les sentiers tortueux de Denecourt et Collinet nous amenaient ensuite, par l'Aérolithe et l'Observatoire des Sorcières, jusqu'au carrefour de l'Épine. [...] Et maintenant c'était la route du Bas-Bréau ou le chemin des Artistes. Nous étions à Barbizon. Pas un hêtre, pas un vieux chêne dont la silhouette ne me fût familière ! D'année en année, j'ai vu le Briarée, qu'on appela aussi le Bouquet de l'Empereur, s'effriter, tomber en poudre et rentrer peu à peu dans le sein de la terre d'où il avait jailli quatre siècles auparavant, alors que les Valois régnaient sur la France. [...]

La nuit s'épaississait. Nous atteignions le bornage de Barbizon. Nous nous engagions dans la Grand-Rue. De rares lumières brillaient aux fenêtres. J'ouvrais la grille des Iris. [...] Une flambée rougeoyante et crépitante nous accueillait. [...] Je me carrais dans un fauteuil, j'avalais une tasse de thé ou me servais un verre de whisky, je mordais dans un toast beurré dont je donnais la moitié à mon chien... Il n'y avait pas d'homme plus content que moi de par le monde.

Mais, grand Dieu, qu'il faisait froid au réveil, le lundi matin, quand il fallait se lever pour prendre, dans les ténèbres, par la pluie, le brouillard ou la neige, le tortillard de six heures !

André BILLY
de l'académie Goncourt

Les Beaux Jours de Barbizon

Portrait de Murger par Nadar.
À son arrivée à Marlotte, Murger loge d'abord à l'auberge Saccault, puis chez le père Antony, figure pittoresque d'ivrogne qu'il peindra dans son roman le Sabot rouge.

BOURRON-MARLOTTE

HENRY MURGER, LE ROMANCIER DE LA BOHÈME

par Luce Abélès

« Revu Marlotte, à côté d'ici, que nous n'avions pas vu depuis dix ans, lorsque nous y allâmes avec Peyrelongue, le marchand de tableaux, Murger et sa Mimi, etc. Nous retrouvons le village, mais maniéré, avec des espèces de pauvres petites maisons bourgeoises, des efforts de bâtisses, des tentatives de cafés – un pissoir même ! [...] Au tournant d'une masure, [...] une figure de père La Joie crapuleux, les pieds à cru dans des chaussons, vient serrer familièrement la main de notre compagnon, Palizzi : c'est Antony, l'hébergeur des bas peintres. [...] De la salle de billard, nous mettons le nez dans la salle à manger, toute peinturlurée de caricatures de corps de garde et de charges de Murger. [...] En revenant, on nous montre la maison de Murger, à l'entrée, vers la forêt ; puis l'ami de Murger, Lecharron, un marchand de vin, qui nous dit d'un ton attendri : "Ah ! ce pauvre Murger ! Tenez, c'était là que je lui ai fait bien souvent une omelette ! Il passait tout son temps ici..." Et puis il ajoute avec un soupir : "J'ai perdu bien de l'argent avec lui ! Au lieu de lui faire un si beau tombeau, on aurait dû payer ses dettes. Ça aurait fait plus d'honneur aux artistes !" Murger ! Antony ! Ce mort et cette auberge, tout cela me semble aller ensemble. Marlotte maintenant, avec ses faux artistes et ses fausses Mimi en garibaldis rouges et bleus, me semble fait pour être sous l'invocation de saint Murger ! Sa mémoire insolvable flotte ici dans un goût d'absinthe[1]. »

À lire ces notes désabusées des frères Goncourt, alors en villégiature dans la forêt de Fontainebleau pour préparer un roman sur les peintres, qui paraîtra quatre ans plus tard sous le titre de *Manette Salomon*, on aura compris que Murger a partie liée avec la forêt et avec une certaine image de la vie d'artiste. On retrouve cette association dans l'ambitieux portrait de groupe peint à Marlotte par Auguste Renoir en 1866, *le Cabaret de la mère Antony :* dans cette même auberge traitée de haut par les frères Goncourt, des artistes amis devisent autour d'une table, servis par la fille de la maison, tandis que sur le mur se détache la silhouette caricaturale de Murger, saint patron dérisoire du lieu, graffitti évoqué par les Goncourt et dont Renoir revendiquera la paternité.

Une question revient alors, insistante : quel est cet homme, Murger, dont la mémoire hante durablement le village de Marlotte, associée aux groupes de peintres qui y vinrent travailler sur le motif ?

Parisien de naissance – il est le fils unique d'un concierge tailleur –, l'écrivain Henry Murger (1822-1861) appartient à la génération qui succède à la brillante floraison romantique. Il fait partie de ce bataillon d'artistes et de littérateurs d'origine modeste, souvent provinciale, qui ont en commun la volonté de se frayer un chemin dans le champ culturel, alors que rien ne les y prépare. Sans formation initiale, sans soutien familial, sans fortune et sans relations, ils doivent lutter pour se voir

1. Jules et Edmond de Goncourt, *Journal*, 28 juillet 1863.

reconnus, en butte à la misère et au découragement. Un moyen s'offre pour se faire un nom : devenir feuilletoniste dans la petite presse, en plein essor sous la monarchie de Juillet. C'est dans cette voie que Murger s'engage résolument. Il entre bientôt dans un petit journal aux pratiques douteuses et au titre sulfureux, *le Corsaire Satan,* où débute une pléiade de jeunes talents prêts à dépenser des trésors d'esprit pour se voir imprimés. Baudelaire, Banville, Champfleury, Nadar y font leurs premières armes, développant cet esprit de mots à l'emporte-pièce, mélange d'ironie et de paradoxe, caractéristique du style de la petite presse. C'est là que Murger publie en feuilleton, à intervalles irréguliers, les *Scènes de la vie de bohème.* Ces saynètes à la trame assez lâche sont la transposition burlesque d'une réalité vécue : la misère, l'hôpital, les amours de passage forment la toile de fond de l'existence de ces marginaux, aspirants artistes et littérateurs, qui usent d'expédients en attendant une gloire hypothétique, s'éprenant de jeunes filles aux mœurs aussi légères que leurs surnoms – Musette, Mimi, Phémie… – qui les aiment et les quittent au gré de leurs besoins et de leur fantaisie. L'apparition du musicien Schaunard, au premier chapitre des *Scènes,* situe bien le ton du récit, qui par la blague travestit en bouffonnerie une réalité douloureuse :

Pour se garantir des morsures d'une bise matinale, Schaunard passa à la hâte un jupon de satin rose semé d'étoiles en pailleté, et qui lui servait de robe de chambre. Cet oripeau avait été, une nuit de bal masqué, oublié chez l'artiste par une folie *qui avait commis celle de se laisser prendre aux fallacieuses promesses de Schaunard, lequel, déguisé en marquis de Mondor, faisait résonner dans ses poches les sonorités séductrices d'une douzaine d'écus, monnaie de fantaisie, découpée à l'emporte-pièce dans une plaque de métal, et empruntée aux accessoires d'un théâtre.*

Oscillant entre cap des Tempêtes et flots du Pactole pour conquérir les Violettes du pôle, Rodolphe le Poète, Marcel le Peintre, Schaunard le Musicien, Colline le Philosophe, « précédés d'une meute de ruses, braconnant dans toutes les industries qui se rattachent à l'art, chassent du matin au soir cet animal féroce qu'on appelle : la pièce de cinq francs ».

Les *Scènes de la vie de bohème* connaissent la consécration lorsqu'elles sont créées au théâtre des Variétés, en 1849, sous le titre *la Vie de bohème,* pièce dont Puccini tirera la trame de son opéra *la Bohème* (1896). Dans ces artistes joyeux dans la misère, insouciants du lendemain, qui vivent librement leur jeunesse en attendant l'heure des choix, on comprend qu'une génération se soit retrouvée et ait pris la bohème de Murger pour étendard : elle correspondait à leur mode de vie et à leurs préoccupations. Avec « la vie de bohème », une expression était lancée, qui allait passer bientôt à l'état de mythe, suivant un tracé géographique sinueux lié aux mutations sociales de la ville. Dans les années 1880, la bohème se déplace du Quartier latin à Montmartre ; elle investit Montparnasse dans les années 1920 et se fixe un moment à Saint-Germain-des-Prés, après la Libération. En 1992, le cinéaste finlandais Aki Kaurismäki porte à l'écran *la Vie de bohème,* qu'il situe dans la banlieue parisienne, constatant que, dans la capitale, « la vie normale s'est enfuie des rues froides et des logements chers ».

Pour sa part, Murger prend le parti, dès qu'il en a

« La grande porte s'ouvrait sur la route ; de l'autre côté une petite porte donnait sur la campagne. De là, Murger pouvait à l'aise partir pour la chasse.» Dont il revenait toujours bredouille ...

les moyens, de fuir la capitale. Affligé depuis sa jeunesse d'un purpura tenace qui l'a régulièrement conduit à l'hôpital et qui précipitera sa fin, à l'âge de trente-neuf ans, il profite de l'aisance relative que lui a value le succès des *Scènes de la vie de bohème* pour se retirer à Marlotte, village encore préservé, avec Anaïs, sa compagne. Il loge d'abord à l'auberge, chez Saccault, puis chez le père Antony, figure pittoresque d'ivrogne qu'il peindra dans son roman *le Sabot rouge* (1860). Décidé à s'installer dans le village, il loue à l'entrée de celui-ci une petite maison ainsi décrite par un de ses amis : « La grand-porte s'ouvrait sur la route ; de l'autre côté, une petite porte donnait sur la campagne. De là Murger pouvait, tout à l'aise, partir pour la chasse – et en revenir sans éveiller la curiosité des voisins, dont avait tant à souffrir son amour-propre[1]. » Car Murger a la passion de la chasse : passion toute platonique au reste, d'après les témoins unanimes. Sur ce point, les anecdotes abondent, telle celle du lièvre à l'oreille coupée :

« Un lièvre s'était cantonné dans un champ de pommes de terre. Murger en avait pris possession ; c'était son lièvre. Chaque matin, au point du jour, il allait tirer le susdit, et le tirait encore le soir au même gîte. Cette chasse dura toute une saison. Aussi les chasseurs de Marlotte s'étaient donné le mot pour ménager le lièvre de Murger. Un jour, cependant, la pauvre bête faillit succomber. Antoine Fauchery, l'homme des bois, le *bu-wranger,* l'*outlaw,* chassait en compagnie de Busquet. Un lièvre sort ; Fauchery le met en joue. Busquet n'a que le temps de relever le fusil : “Malheureux ! lui crie-t-il, tu vas tuer le lièvre de Murger ! – Ah !... Eh bien, que je lui laisse au moins ma carte !” Fauchery tira, et de

1. *Histoire de Murger pour servir à l'histoire de la vraie bohème, par trois buveurs d'eau,* Paris, s. d. (1862), p. 193. Publié un an après la mort de Murger, ce recueil de souvenirs, dû à trois compagnons de jeunesse de Murger – Adrien Lelioux, Léon Noël et Nadar –, avait pour but d'établir la véritable histoire de la bohème, à partir des lettres échangées par les membres des « Buveurs d'eau », cénacle auquel appartint Murger à ses débuts et qu'il prit à partie dans son roman *les Buveurs d'eau.* L'*Histoire de Murger...* constitue donc une sorte de négatif des *Scènes de la vie de bohème* : on y lit les souffrances, les espoirs et les échecs d'une génération.

ce jour le lièvre de Murger n'eut plus qu'une oreille[2]. »

Pour l'écrivain, s'éloigner de Paris, quitte à y faire de fréquentes incursions, signifie prendre ses distances d'avec le monde agité de la bohème et du petit journalisme. Dans leur *Journal* (octobre 1857), les frères Goncourt ironisent : « Murger, avec qui nous dînons, nous fait sa profession de foi. Il renie la Bohème et passe, armes et bagages, aux hommes de lettres du monde. C'est le Mirabeau de la chose. » La carrière de l'écrivain suit en effet une trajectoire sans failles : désormais collaborateur régulier de la prestigieuse *Revue des Deux Mondes,* à trente-cinq ans il est fait chevalier de la Légion d'honneur. Cependant, il poursuit dans la veine inaugurée par les *Scènes de la vie de bohème*, en publiant successivement *le Pays latin* (1851), *Scènes de la vie de jeunesse* (1851), *les Buveurs d'eau* (1855).

Adeline Protat (1854) marque un tournant dans son œuvre : avec ces « Scènes de campagne », dont l'action se situe à Bourron, il aborde le genre rustique, jouant d'une sorte de réalisme sentimental. Bien que le héros de ce roman soit une fois encore un artiste, la sérénité de la forêt de Fontainebleau, qui sert de cadre au roman, imprègne fortement cette œuvre axée sur l'éveil progressif du sentiment amoureux. À l'arrière-plan se profilent des silhouettes d'artistes amateurs venus peindre sur le motif : la forêt de Fontainebleau est déjà la proie de ces « faux artistes » que stigmatiseront dix ans plus tard les frères Goncourt. Quant à Murger, il a rejoint le camp des bourgeois : « la jeunesse n'a qu'un temps », ainsi se concluaient les *Scènes de la vie de bohème*. ■

2. *Ibid.*, p. 189.

À la pointe du jour, Lazare sortait discrètement de sa chambre-atelier, n'emportant avec lui qu'un grand carton à dessin, son parasol et sa chaise de campagne. En passant devant la porte de Zéphir, l'artiste y gratta légèrement pour lui dire de s'apprêter à le suivre [...]

– Nous allons à la mare aux Fées [...]

Au bout de trois quarts d'heure de marche, ils gravissaient, l'un suivant l'autre et tous les deux un peu essoufflés, le raidillon par lequel on arrive de Marlotte à la mare aux Fées. [...] Tous les artistes y viennent, mais encore y reviennent car à la vingtième visite on peut encore découvrir une beauté nouvelle. [...]

De dix pas en dix pas, l'aspect se métamorphose comme par un brusque changement de vue, et d'une heure à l'autre, suivant l'élévation ou la déclinaison du soleil, le tableau se modifie, dans son ensemble et dans ses accidents, comme une toile dioramique exposée successivement aux différents jeux de la lumière. Toutes les écoles de paysage peuvent rencontrer des sujets d'étude. À ceux qui aiment les gras pâturages normands, le plateau offrira le *dormoir,* où viennent les vaches de Marlotte. À ceux qui préfèrent les lointains lumineux baignés de vapeurs violettes ou dorées, et les collines aux croupes boisées, et les vallons creux d'où s'élève un brouillard bleu, le plateau échancrera par un

Henry Murger, caricature par Carjat.
Ses deux romans le Sabot rouge *et* Adeline Protat *évoquent des « scènes de campagne » dont l'action se situe à Bourron-Marlotte et aux alentours de la forêt de Fontainebleau.*

côté son cadre de verdure, et par une brusque échappée, après les premiers plans de la forêt, océan de cimes éternellement agité comme une mer de flots, déroulera les plaines tranquilles qui s'enfuient vers la Brie. [...]

Ceux qui manient la brosse enragée de Salvator, le plateau les fera descendre par un ravineux escarpement au milieu des profondeurs solitaires de la gorge au Loup. [...] En pénétrant dans cette gorge, on croirait visiter les débris de quelque Ninive inconnue. Les masses gigantesques de rochers semblent sous l'impulsion du bouleversement, et se poursuivre, s'escalader comme une armée de colosses en déroute. Les uns, inclinés dans un angle de vingt degrés, paraissent prendre un nouvel élan pour continuer leur course ; les autres, penchés au bord d'un ravin dans une attitude menaçante, inquiètent le regard par leur immobilité douteuse. Les arbres, comme s'ils étaient encore tourmentés par un vent de fin du monde, se courbent avec des mouvements qui les font ressembler à des êtres en péril et faisant des signaux de détresse. [...] C'est au point central du plateau que se trouve la mare, ou plutôt les deux mares. [...] Aux fantastiques rayons de la lune, on se croirait encore sur quelque champ de bataille olympique. [...] Au bord de la grande mare, deux énormes buissons, surnommés les buissons aux Vipères, enchevêtrent et hérissent leurs broussailles hargneuses, mêlent aux dards envenimés et velus l'épine de l'églantier sauvage et les ardillons de la ronce grimpante, qui va tendre sournoisement parmi les pierres les lacets de ses lianes dangereuses aux pieds nus. [...]

Lorsque Lazare et son compagnon débouchèrent sur le plateau, le soleil commençait à cribler de flèches lumineuses les futaies des Ventes à la Reine, qui le bordent d'un côté. [...]

– Ne restons pas là, dit Zéphir, dans une heure tous les rapins vont venir planter leur parasol et le plateau aura l'air d'un carré de champignons. [...]

Au même instant, [...] un groupe de jeunes gens arrivait sur le plateau par un autre chemin. Un âne, guidé par un paysan, était chargé de chevalets, de boîtes de couleurs et de havresacs. [...]

Lazare observa que tous les jeunes gens étaient généralement mieux mis que ne le sont les peintres pour courir la forêt : ils avaient des chaussures vernies, quelques-uns portaient même des gants.

– Quels sont ces messieurs ? demanda-t-il à Zéphir. [...]

– C'est les *désigneux* de Marlotte, qui vont prendre leur leçon avec leur maître.

Au même instant celui que Zéphir désignait ainsi se retournait vers la petite troupe, et Lazare put l'entendre dire à ses élèves :

– « Messieurs, il est six heures ; c'est l'heure où le jaune de Naples règne dans la nature. »

Henri MURGER

Adeline Protat. Scènes de campagne

La beauté du monde est tout près de chez soi, au coin de la ruelle.

CESSON

ANNE VALLAEYS, TOUT PRÈS DE LA BEAUTÉ DU MONDE

par Alain DUGRAND

Anne Vallaeys collectionne les sables. Ses amis voyageurs, elle-même, ramènent des plages du monde des poussières d'érosion. Sa maison est devenue un cabinet de géographie. Dans de petits flacons – qu'on ne trouve plus, hélas, chez Ikéa –, il est des sables blancs de neige ramassés à Tulum, cité-État maya du Quintana-Roo ; un autre, ocre pâle, de My Tho, pris à poignées sur une rive du fleuve Mekong ; un rose presque cristallisé, de Laguna Verde, désert d'Atacama, Chili. Des centaines de sables. Au hasard ? Du sable rouge tuile de Sedona, Arizona, emprisonné dans une capsule de pellicule photographique à Red Rock ; et celui-là, immaculé, une poudre de sucre glace, de la carrière de Boissy-aux-Cailles, Seine-et-Marne. Étrange collectionneuse, tout de même. Il faut savoir que la femme de ma vie est née en Afrique centrale, sur une rive du fleuve Zaïre, au bourg de Yangambi, exactement.

Fleuve, brousse et forêts. Paysages d'enfance cernés de bananiers, percés de pistes de latérite rouge, d'énormes troncs embroussaillés de lianes, de plantes épiphytes, c'est-à-dire des orchidées, qui se nourrissent, voraces, très haut, des moisissures des grands arbres de la jungle humide. Les souvenirs d'Anne.

Quand, hasard de l'histoire, la décolonisation du Congo belge survint, elle s'installa, avec les siens, aux marges du plateau briard. Là, bien sûr, coule la Seine, mais Anne s'attacha à une rivière de rien du tout – en Brie, on dit un *ru* –, qui porte un nom rigolo, quasi british, Balory. En guise de forêt primaire, elle se contenta de bois civilisés : Bréviande, Rougeot, Sénart. Forêts d'Île-de-France, jardinées de main d'homme. Il reste que, sous ces ramées, se promena un griot à perruque, Jean de La Fontaine, conteur magnifique.

De dimanche en dimanche, elle suivait son père dans les sentiers de Fontainebleau. C'est ainsi qu'elle s'attacha à cette forêt royale, impériale et républicaine. Très tôt, elle fera la relation imaginaire entre les sous-bois enchantés et les poètes qui trouvèrent là le charme nécessaire, le calme propice à l'écriture des sentiments. Ronsard, Voltaire, Hugo, Musset et cette femme exceptionnelle, George Sand.

Tant et si bien que ses propres enfants, la famille enfin, ne purent faire autrement que s'éprendre de leur « pays » d'accueil. Anne leur fera découvrir les grandes fermes de Guercheville, les miroirs du Loing sous les murailles de Moret, les roseraies de Clémenceau, l'ami du peintre Monet, magicien. Comment n'être pas réjoui de vivre là où s'élèvent l'abbaye de Jouarre, les mâchicoulis d'un château fort de manuel scolaire illustré, à Blandy-les-Tours ? Et le havre charmant du collectionneur Mallarmé, à Valvins, et le jazz de Django Reinhardt qui s'écoule sur l'autre rive de la Seine ? Et la confiture de rose, avez-vous goûté ? Avez-vous rencontré l'austère rigueur du fief des Époisses ?

D'une certaine manière, Anne écrit des livres sous l'influence de la nature, quelle qu'elle soit. Si, dans ses romans, elle s'est enflammée pour l'îlot de Clipperton, rocailleuse possession française de l'océan Pacifique, pour les forêts guyanaises ou les aventures des Barcelonnettes de l'altiplano mexicain, c'est, je le sais, pleine d'affection et de fidélité aux décors sauvages de l'enfance.

L'Afrique et Fontainebleau. Paradoxal ? Sans aucun doute. Mais la beauté du monde est tout près de chez soi, au coin de la ruelle. Tenez : plantez-vous à Barbizon un soir de septembre, au bas du champ de *l'Angélus* de Jean-François Millet, à perte de vue. Vous m'en direz des nouvelles…

Le livre d'Anne *la Forêt des passions* est le récit des émotions, des éclats de souvenirs, des promenades d'enfance et, bien sûr, d'une jubilation qu'elle a ressentie à rechercher dans les archives l'histoire de Fontainebleau, forêt des merveilles. ■

Denecourt, le vieux sylvain de Fontainebleau

Mal connue, mal interprétée, l'œuvre du « sylvain » de Fontainebleau, Claude-François Denecourt, est un fait. Malgré les polémiques dont il fut l'objet, sa forêt imaginaire est désormais la nôtre. Qu'on le veuille ou non. Les « sentiers bleus » où nous nous hasardons sont le patrimoine que ce grognard de l'Empire nous a laissé.

Les conditions semblent réunies pour que l'existence de Claude-François Denecourt s'achève parachutée dans la solitude amère et l'anonymat. Tout au contraire, Fontainebleau sera son salut. Auguste Luchet nous dit : « Il était perdu, il serait mort dans sa maison sévère et glacée comme un tombeau. La forêt de Fontainebleau le sauva. » Une nouvelle vie illuminée d'un seul amour, une passion folle pour celle qu'il appelle la Sylve.

La forêt est encore neuve. Seuls, carriers, gardes, bûcherons, braconniers, chasseurs de vipères et un rien de peintres paysagistes en effleurent les mystères. De nombreuses allées cavalières taillées au cordeau se croisent en étoiles, elles ont été tracées au fil des siècles pour satisfaire le bon plaisir des rois qui ont dessiné là leurs terrains de chasse favoris. Mais en 1832, hormis les vingt-six kilomètres de la route Ronde tranchant la forêt en son milieu, les carrefours, rendez-vous de chasse, tous les espaces forestiers du roi ne sont encore que des lieux-dits anonymes. Quant à la sente, il n'en existe qu'une, qui enlace le mont Aigu. Les promenades, c'est grand dire, n'était possible que dans les sablons ou les chemins à chariots. [...]

« Comme je fus heureux en pénétrant sous les ombrages de ce délicieux paradis ! Comme je me promis de renoncer à tout jamais aux agitations politiques en voyant cette bonne et belle nature ! Parmi ces arbres géants et ces rochers aussi vieux que le monde, on trouve la paix. Le cœur et l'âme y savourent mille délicieuses jouissances, l'aspect grandiose et suave de ce jardin, comme Dieu seul sait en créer, vous charme et vous inspire[1] . » La grande forêt ne lâchera plus son Denecourt, qui lui consacre chaque instant. Il y perdra ses journées. [...] Il explore les sentes cavalières, perce taillis et broussailles, fouille les bruyères et les genêts, escalade les éboulis de grès pour atteindre quelque chêne séculaire, toujours en quête de gouffres et de grottes reculés. Dès 1837, il rapporte le récit de ses équipées, qu'il note dans ses premiers carnets. [...]

Les mois filent, et Denecourt devient l'un des esprits des lieux. Il est même saisi d'une véritable frénésie forestière : « Chère et bien-aimée forêt, je ne la quitterai plus, je le jure sur l'honneur, je le jure par mes vieux chênes et par le dieu qui les protège. Elle est si belle et enivrante ! Oui, j'aime tellement cette forêt que, s'il me fallait y renoncer et rompre avec ses mille beautés, je crois que je deviendrais fou. Cette enchanteresse est ma

1. Denecourt, *Profession de foi**, BM Fontainebleau, 1867.

belle préférée, mon amante adorée. » Chaussé de galoches à fortes semelles, il porte un havresac léger en bandoulière. Un grand bâton de houx lui tient lieu de canne. « On ne saurait lui donner d'âge tant il est allègre et droit. On dirait un genévrier changé en homme [2]. » [...]

Mais qu'a donc réalisé le bonhomme pour être salué par un tel panégyrique ? Il n'est qu'à feuilleter les fichiers des archives départementales de Melun, consulter la nomenclature de la bibliothèque de Fontainebleau, pour mesurer la profusion d'articles, brochures et livres dont le grognard est le héros. Claude-François Denecourt, ce mortel, est chanté à l'égal des dieux. Il consacre sa première année à traverser la forêt en tous sens, tandis que son esprit s'amadoue, se calme, avant de s'ouvrir à un rêve qui soulèvera l'époque. [...]

Cinq ans d'explorations. Le jour, le brave homme inventorie ; de retour au logis, il dresse des cartes aux divisions secrètes, des touffes d'ajoncs sont ses points de repère, les bruyères roses, des jalons. Le solitaire est porté par un projet insensé : faire partager à autrui les joies qu'il éprouve. « Dans ma simplicité, il me semblait que le plus grand bonheur, la plus grande gloire, consistait à faire le plus de bien possible, manquer l'occasion d'en faire était une honte. C'est cette croyance qui m'a fait entreprendre ma mission d'initiateur familier de la forêt de Fontainebleau. » Ayant peu à offrir à ses contemporains, il leur donnera des promenades... Trente années qui absorberont son épargne, transformant le paysan tout juste lettré en un Colomb géographe de ces lieux. Le poète américain Stuart Merrill,

2. Auguste Luchet, *Hommage à Denecourt**, BM Fontainebleau, 1855.

Claude-François Denecourt.
« Personne, que je sache, n'est parvenu à pénétrer [la forêt de Fontainebleau] aussi loin, aussi imprudemment que moi. »

compagnon de Baudelaire et de Mallarmé, louera « les véritables poèmes tracés sur le sol », car les sentiers, le grand œuvre de Denecourt, ignorent la ligne droite, ils se replient sur eux-mêmes, épousent les pentes, à moins de les escalader. Pour que le promeneur ne s'égare pas dans ce dédale, l'inventeur imagine de peindre des

Restant du Long Rocher, en forêt de Fontainebleau.
« ...Cette atmosphère de violence contenue, de désolation et de sérénité... »

flèches en bleu perruquier sur les rochers et les troncs bordant les sentes. La forêt s'éclaire sous sa patte et s'anime peu à peu. [...] Mont Ussy, rocher Cassepot, rocher Saint-Germain, Apremont, Franchard... tant d'espaces non nommés auparavant, sont baptisés par lui. Onze excursions patiemment tracées sur trois décennies, inlassablement. Non sans fierté, il dira avoir parcouru quatre fois au moins le tour du monde à dessiner des chemins.

Quand le géographe se repose, le poète bat la campagne, désignant sous la forme d'une étoile ou d'un chiffre peint en rouge les sites, grottes et arbres qui lui paraissent mériter l'admiration... Il les nomme au gré de la fantaisie de ses lectures récentes. Ici, la grotte de Barbe-Bleue, la roche de Riquet à la houppe ; plus loin, le Sarcophage de Velléda, l'antre des Druides, le temple de Cythère ; ailleurs, le val des Mohicans, l'Enfer de Dante, la tour de Nesle, l'Avaloir de Gargantua ; ou bien, les chênes remarquables Gabrielle d'Estrée, Jupiter, Charlemagne, mais encore le Capuchon du Père Dan, le Léviathan d'Apremont, le Dolmen, les Mastodontes ou les Crocodiles de l'enfer... Un facteur Cheval qui appliquerait à la nature les mythes et les goûts des héros de la littérature ancienne. Contes de fées, antiquités nationales, mythologie classique, souvenirs d'œuvres, bestiaires imaginaires, tout est source d'inspiration. Étrange topographie, où l'inventeur, prenant le promeneur par la main, le conduit et commente ses pas dans les *Guides du voyageur à Fontainebleau* et les *Indicateurs Denecourt.* La formule est inattendue, nouvelle et conforme à l'état romantique du moment : les brochures rencontrent un franc succès et assurent une notoriété considérable à leur auteur. Ses itinéraires n'épousent pas le parcours d'un simple ruban déroulé dans la forêt, ils sont de véritables « cartes artistiques », dit-il ; mais faut-il encore que le pérégrin « effectue les promenades dans le sens voulu pour avoir les effets de lumière ».

Mais il arrive parfois que la vie ressemble à un vrai conte de fées.

1853, joli mois de mai. Un jeune homme efflanqué, le teint pâle, un grand gaillard de vingt-sept ans, Fernand Desnoyers, rentre de Fontainebleau à Paris, bouleversé : il est saisi d'admiration par les beautés que lui a offertes le père Denecourt. Alors une idée germe en son esprit. Il la propose par voie de presse : pourquoi ne pas composer un livre sur la grandeur bellissime de la forêt, mais en appelant les grandes plumes ? « Le but de ce livre, dont tout le profit serait destiné à un homme qui s'est ruiné par amour pour la forêt de Fontainebleau, en fait une bonne action », conclut-il dans *le Mousquetaire.*

Un ans plus tard, *Fontainebleau. Paysages, légendes, souvenirs, fantaisies* est publié chez le libraire-éditeur Louis Hachette. C'est un charmant bric-à-brac où poèmes, contes et récits voisinent, en rapport plutôt distendu avec la forêt.

Cette « offrande du cœur faite par des poètes à un poète aussi » réunit les pages de quarante-deux écrivains. Parmi eux, excusez du peu, Alphonse de Lamartine et ses « Adieux de Napoléon au palais », Alfred de Musset évoquant le souvenir d'un amour éphémère, Paul de Saint-Victor, Henri Murger, Théodore de Banville, Béranger, mais encore George Sand qui relate une promenade en compagnie de son fils, Gérard de Nerval qui chante la nature, Victor Hugo, Théophile Gautier qui dresse un saisissant portrait de Denecourt, et jusqu'à Baudelaire, pourtant allergique à la chlorophylle mais qui répond à l'invitation et écrit un texte en prose, « la Solitude ».

Le 24 mars 1875, le Sylvain meurt à vingt-trois heures, chez lui, rue de France à Fontainebleau. Il avait quatre-vingt-sept ans. La veille, il était allé marcher un peu du côté de la grotte des Montussiennes, qu'il aménageait... Sur l'acte de décès de la mairie, on déclara la profession du défunt : homme de lettres.

Le lendemain, son ami Honoré Bonhomme écrivit dans *l'Abeille de Fontainebleau :*

« Claude-François Denecourt n'est plus, mais son nom lui survivra et planera sur sa chère forêt, d'où il passera dans la légende. On se rappellera le vieux sylvain, ce patriarche aimé de tous, et l'on dira que c'était un de ces hommes rares et bienfaisants qui apparaissent de temps en temps pour le bonheur de l'humanité, et dont le cœur n'a qu'un rêve, une aspiration, un besoin : celui de s'oublier soi-même[3] . »

Anne VALLAEYS
Fontainebleau, la forêt des passions

3. Honoré Bonhomme, in *l'Abeille de Fontainebleau* du 25 mars 1875.

Écoutez ! Ce chant de Brinville résonne partout où l'on garde au cœur l'œuvre de Marcel Arland.

MARCEL ARLAND, UN MONDE DE FERVEUR, DE GRÂCE ET DE NUIT

par Jean BLOT

Brinville. Il y avait la beauté du nom, Marcel Arland le prononçait comme on le fait de celui d'une femme aimée en secret.

C'était un château, mais il ne fallait pas le dire par crainte de blesser le châtelain qui tenait à ses origines paysannes plus farouchement que d'autres à leurs quartiers de noblesse. C'est seulement en arrivant à Brinville que l'on se décidait à prononcer « le château », ne serait-ce que pour le trouver. Et puis là-bas, parmi les frondaisons hautaines, si loin déjà de l'autoroute que l'on venait à peine de quitter, le mot résonnait autrement tandis que montait autour un monde de ferveur, de grâce et de nuit que l'on reconnaissait pour l'avoir découvert et aimé porté par l'une des plus belles proses du siècle, dans l'œuvre de Marcel Arland.

Brinville était un privilège. Ceux qui n'avaient pas été invités jalousaient les élus, écoutaient envieusement leurs récits, comme s'il s'était agi d'un pèlerinage au lieu saint de la littérature. Il y avait un mystère que les initiés évoquaient, tout en se déclarant incapables d'en communiquer la nature. Son tour venait enfin ! L'invitation tant désirée était formulée comme une prière dont on vous assurait à l'avance que l'on comprenait très bien que, ayant mieux à faire, vous la refusiez. On acceptait avec émotion et le sourire revenait illuminer un visage presque minéral dans sa douloureuse austérité. « Alors, voilà... vous ne pouvez vous tromper » et le châtelain d'exposer, avec une animation soudain joyeuse et la passion de convaincre comme les plus simples du monde, les tours et les détours d'un labyrinthe dont il devenait évident que l'on ne sortirait que par la chance et la foi.

Une route qui fait le gros dos.

Est-ce à droite ? C'est à gauche. Une pancarte qui signale l'entrée de cet avant-poste de la forêt. Des maisons se cachent ; les jardins, pour mieux préserver les privilèges des élus se détournent. La route descend comme si elle consentait et se rendait : « On a trouvé ! » Oh ! pas encore ! Car c'est au bout du village, là où il se défait, derrière un grand champ vide où le soleil s'est endormi. Les marronniers aux feuilles romanes, un vert religieux, un chien qui donne de la voix. C'est la maison du gardien.

Il se nomme Bouda. J'oublie le nom du chien. Je ne suis pas sûr qu'il en eût un tant sa condition était modeste et asservie au chat du château, Néron.

Le bruit des graviers ; les arbres s'écartent ; la lumière gracieuse qui se pose, pour le caresser, sur le mur du XVIIIe siècle et brille dans ses hautes fenêtres. Le maître de maison est là, à vous attendre, assis sur un banc. Il fait signe, il vous sourit, il voudrait bien se lever ; il ne le peut : Néron dort sur ses genoux.

« Mais enfin Marcel ! »

On entend Janine. Elle surgit les cheveux noués dans un beau turban, le regard vert qui illumine et, tandis qu'on l'embrasse : « Il est impossible ! l'esclave de son chat... Enfin, Marcel, on se lève pour accueillir ses invités ! » Marcel soupire ; Marcel sourit. Il montre le chat qui dort ; et qu'il ne faut pas déranger. On comprendra. On a compris. C'était un jeu. Il y en avait beaucoup d'autres depuis que, en 1935, le jeune couple avait pu acheter ce château, où ils devaient un demi-siècle plus tard, elle moins d'un an après lui, s'éteindre sans douleur et sans bruit.

Le bonheur ? Ils l'ont cherché avec passion. Rien ne pouvait lui mieux convenir que ce château songeur, que ce parc où les arbres respiraient largement, où les fleurs vous interrogeaient au passage, où, acceptant cependant de précéder Marcel dans ses promenades infinies qui ressemblaient à une quête du Graal, le chat Néron régnait. Dans le parc était une ombre ; dans l'âme un déchirement. La maladie de la fille unique interdisait le bonheur. Elle avait grandi là, Brinville aurait dû être le jardin de l'enfance. Il fut le théâtre de son drame.

C'était l'ombre. Il y avait la lumière. Janine était peintre et les arbres tragiques de son atelier répondaient à ceux du parc. Marcel était un amateur éclairé, ami des grands artistes auxquels il avait consacré de grands textes. Il se reconnaissait chez Rouault, peut-être parce que, comme l'écrit Alain Bosquet dans son beau *En compagnie de Marcel Arland,* il découvrait son « lourd besoin d'un mythe » satisfait dans les œuvres de cet ami. Il possédait de lui des toiles superbes, mais aussi des Chagall, le plus bel Utrillo, Soutine… Un étage entier du château était consacré aux livres et pourtant ils débordaient encore et menaçaient de tout envahir. Au-dessus, la correspondance occupait un petit trois pièces et la salle de bains. Pendant plus d'un demi-siècle, tous ceux qui écrivaient dans le monde, ou presque, avaient écrit à Marcel Arland ou au directeur de *la Nouvelle Revue française.* Brinville conservait l'empreinte de cette conversation gigantesque, intime (car le maître de maison ne supportait pas le superficiel) qui ne demandait qu'à donner de la voix et à couvrir le silence de ses plaintes et confidences d'autrefois. On se souvenait alors de la question d'Arland : « Depuis combien de temps n'avons-nous pas parlé selon nous-mêmes ? Quel silence ! » Oui, mais quelle voix dans ce silence. Brinville est le château de ce silence, de cette écoute, de cette voix.

Pourtant, en son cœur secret, se cache un rire. Le châtelain a honte de ses enfantillages. Il n'ose vous les montrer ; il en brûle d'envie, pouffant déjà. C'est le lieu-dit « Musée des horreurs » où notre grand enfant fait collection de toutes les figurines, images, cartes postales qui illustrent la sympathique et sentimentale imbécillité de l'espèce. Parmi ces icônes de l'humaine sottise à laquelle il ne faut refuser ni le rire ni l'amitié, trônent les hiboux et les chouettes en lesquels, peut-être parce qu'ils sont oiseaux de nuit, l'œil immense et doré, le maître du lieu croit se reconnaître. Et l'initié, qu'il soit d'Amérique, des Indes ou de la Chine, par un pacte secret et jamais formulé, se sait tenu désormais d'expédier de partout au sorcier de Brinville toutes les sympathiques horreurs qu'il croisera sur son chemin.

Marcel est l'homme de la promenade. On quitte Brinville pour son prolongement naturel, la forêt de Fontainebleau. Les choses comme les gens sont à l'image de l'amour qu'on leur porte. Si les arbres ici sont si beaux, c'est que Marcel les a si bien aimés. Il leur a parlé comme à des frères ou à des idées. Il les a écoutés de plus en plus, de mieux en mieux, au fur et à mesure que le désespoir grandissait, que la mort approchait. C'est aux arbres de Brinville qu'il contait les autres paysages qui l'habitaient : « cette centaine de collines et de vallées qu'aux confins de Bourgogne, Champagne, Lorraine et Franche-Comté » il réclamait comme sa terre natale ; cette Auvergne qu'il aimait parce qu'elle savait marier « une terre si robuste à toutes les fantaisies du ciel » ; « la Bretagne où il avait rôdé, rêvé, déliré à longueur de jour et de chemin ».

Tous ces paysages ont été recréés par le recours ultime – « Ô notre langue ! » – et acclimatés à l'Île-de-France, à son courtois mystère, à sa douceur énigmatique, par Arland.

« Il faut juger un homme à son enfer », écrivait-il. On peut le retrouver dans ce gravier sur lequel le regard s'immobilisait, prisonnier d'une vision insoutenable. Oui, il s'agit bien de la mort…

Quittez le parc, son maître, Janine, le chat Néron, tous les livres, toutes les lettres, tous les tableaux ; gagnez le cimetière, trouvez la tombe, recueillez-vous, souvenez-vous alors : « Posez deux corps dans la terre, l'un près de l'autre : je vous jure qu'il s'en dégage encore une sorte de chant », écrivait le maître.

Écoutez ! Ce chant de Brinville résonne partout où l'on garde au cœur l'œuvre de Marcel Arland. ■

Songes et propos d'un chat

Je vous parle sans voix ; saurez-vous m'entendre, ami ? Ce nom d'ami, le plus beau que nous puissions échanger, n'est-ce pas dans le silence que nous le percevons le mieux ? Et quand vous écrivez, n'est-ce donc pas sur un fond de silence que vous parlez pour vos personnages, que vous vivez en eux et pour eux, que vous accordez des mots, des sons et des ruptures dans l'espoir d'un chant assez fidèle ? Ainsi de moi, sans efforts, au courant de mes jours et de mes songes.

L'alliance que nous avons fondée repose sur le plus intime de nos cœurs. Je ronronne quand il me plaît ; je viens à vous librement. Si je suis venu, à table, sur le siège qui m'est réservé près du vôtre, si je vous appelle des yeux ou du menton, ne vous méprenez point, je vous prie : je suis heureux, sans doute, de partager votre repas ; plus encore de votre attention et de notre commune présence. Rappelez-vous : il m'arrive, quittant mon siège, de m'installer dans la pénombre, sur le bras d'un fauteuil, à quelques mètres de vous qui me croyez disparu. Je vous regarde, je vous appelle encore de mon silence ; levez les yeux à votre tour : et qui regarde l'autre ? Nos regards se confondent.

Je ne méprise aucunement vos caresses. J'en ai besoin. J'en goûte la retenue ; vous savez mieux que personne ce qu'un chat demande et ce qui pourrait lui peser. J'accepte de bon cœur ces doigts qui de loin en loin me frôlent sans déranger ma fourrure. C'est un plaisir que d'y répondre, et, le soir, quand je me tiens sur vos genoux, nous avons de grandes heures.

Je ne saurais non plus dédaigner vos paroles. Mais par exemple, quand vous m'appelez « Mon beau chat », ou « Mon beau Néron » (puisque vous m'avez baptisé de la sorte, par antiphrase, j'imagine ?), que dois-je exactement penser ? Je suis un Chat, nous le savons. Beau ? Mon Dieu... bien tigré, luisant de fourrure, les yeux vert jaune, la queue souple, le visage fin. Je n'en tire aucun orgueil et, si je n'ose prétendre à quelque beauté de l'âme, je m'en rapporte moins à vos mots qu'à leur intime modulation, qui leur donne tout leur sens.

Je ne suis pas toujours là, le vendredi, quand vous revenez à notre maison ; il se peut que, lassé d'attendre, je me promène dans le petit bois, que j'aie gagné le jardin, que je regarde une fleur, que j'écoute un oiseau. Soudain : « Néron ! Néron ! » Et d'abord je ne peux bouger, tant votre voix me saisit. « Néron ! » Une voix inquiète : Néron est-il perdu, malade, enlevé par des brigands ? « Néron ! » Oh ! alors je viens, j'accours, et pour vous rassurer je miaule, avec ces inflexions un peu meurtries que l'on emprunte au bonheur. Un sentier, un arbre, encore des arbres, enfin la pelouse – et vous m'avez vu. Reprenons quelque décence ; pas à pas je m'approche ; je détourne les yeux, je m'arrête, je... « Néron ! ! » Néron ? Eh bien le voici, et c'est vous, c'est nous (il n'est pas trop tôt !).

Marcel ARLAND
Proche du silence

Localisation des maisons des écrivains

Barbizon
André Billy : La Chevrette, 2, rue Jules-Bourdois, propriété privée.

Bourron-Marlotte
Henry Murger : 75, rue Murger, propriété privée.

Brinville
Marcel Arland : château de Brinville, propriété privée.

Cesson
Anne Vallaeys : 12, rue du Gros-Cailloux, propriété privée.

Chelles
Armand Lanoux : sa maison a cédé la place à des immeubles.

Étrépilly
Christian de Bartillat : 1 bis, vallée de l'Église, propriété privée.

Faremoutiers
Jean Perrin : le presbytère, 3, rue Victor-Massoul.

Fontainebleau
Oscar Milosz : 21, rue Royale.

Grez-sur-Loing
Honoré de Balzac : La Bouleaunière, propriété privée.

Mauperthuis
Théophile Gautier : château des Coteaux, propriété privée.

Meaux
Jacques-Bénigne Bossuet : palais épiscopal.
Cette ancienne résidence des évêques de Meaux abrite l'actuel musée Bossuet, qui présente une remarquable collection d'œuvres des XVIe et XVIIe siècles. L'accès au premier étage se fait par un magnifique plan incliné dû à l'evêque Guillaume de Briçonnet (début XVIe siècle). Le musée se trouve au cœur de la Cité épiscopale, qui comprend la cathédrale Saint-Étienne, le vieux chapitre, construit au XIIIe siècle, avec un escalier

monumental exceptionnel, le jardin Bossuet dont le dessin est attribué à Le Nôtre, et le palais épiscopal. Cet ensemble de bâtiments constitue un des fleurons du genre en France.

MUSÉE BOSSUET. 5, place Charles-de-Gaulle.

Tél : 01 64 34 84 45, fax : 01 64 23 97 52. D'octobre à mars : fermé le lundi, mardi et dimanche matin ; ouvert de 10 h à 12 h et de 14 h à 17 h. D'avril à septembre : fermé le mardi seulement ; mêmes horaires mais jusqu'à 18 h.
La maison de plaisance des évêques, à Germigny, est aujourd'hui détruite.

Melun
JACQUES AMYOT : sa maison natale, aujourd'hui démolie, se situait au 46 de l'actuel rue Saint-Aspais.

Provins
THIBAULT DE CHAMPAGNE : palais comtal.
Seuls sont conservés un très beau mur et la chapelle palatine, visible de l'extérieur uniquement pendant les Journées médiévales. Actuel lycée Thibault de Champagne.

ALAIN PEYREFITTE : Les Peupliers, place Serge-Langé, propriété toujours habitée par la famille.

Saint-Cyr-sur-Morin
PIERRE MAC ORLAN : hameau des Archets.
Le souhait de Pierre Mac Orlan était que sa maison soit ouverte au public, et celle-ci l'a été pendant quelques années. Elle est fermée aujourd'hui, mais on peut se consoler de cette décision et partir sur les traces de Mac Orlan en se rendant à quelques pas de chez lui au musée des Pays de Seine-et-Marne, où deux salles sont consacrées à sa mémoire. Ce musée a été aménagé dans l'ex-hôtel-restaurant La Moderne, une auberge dirigée par la famille Guibert, et qui avait pris le relais, en 1926, de l'auberge de l'Œuf dur. Mac Orlan fut un pilier de ces deux établissements. Pendant une quarantaine d'années, il fut un habitué de La Moderne, où il se rendait avec ses amis Chabrol, Brassens, Clavel, Gréco, Brel et d'autres, et il présida toutes les expositions qui s'y tinrent. De nombreux souvenirs (1200 pièces), que constituent entre autres la collection Pierre-Guibert et le dépôt provenant de la maison de l'écrivain, permettent une évocation précieuse de l'auteur du *Quai des brumes* et de sa vie à Saint-Cyr.

MUSÉE DES PAYS DE SEINE-ET-MARNE. 17, avenue de La Ferté-sous-Jouarre, 77750, Saint-Cyr-sur-Morin. mpsn@wanadoo.fr
Tél : 01 60 24 46 00, fax : 01 60 24 46 14.

Ouvert de septembre à juin, du lundi au vendredi, de 10 h à 12 h et de 14 h à 17 h (18 h en mai et juin) ; dimanche et jours fériés de 14 h à 17 h (19 h en mai et juin). En juillet et août, fermé le lundi. Fermetures annuelles du 24 décembre au 1er janvier, et le 1er mai.

Seine-Port

EUGÈNE SCRIBE: château de Séricourt, propriété privée.

Thiercelieux

ÉRIC HOLDER : La Maison Bleue, propriété privée.

Thomery

FERNAND GREGH : 22, rue Fernand-Gregh, propriété privée toujours habitée par les descendants de l'écrivain.

Ussy-sur-Marne

SAMUEL BECKETT : rue Samuel-Beckett (ancienne route Molien), propriété privée.

Vaux-le-Vicomte

La Fontaine, Molière, Mme de Sévigné, Corneille firent partis des « beaux esprits » qui se rencontrèrent à Vaux-le-Vicomte à l'invitation de Nicolas Foucquet, protecteur des arts et des lettres. Vaux-le-Vicomte, le plus beau château privé de France, conserve aujourd'hui un décor, des jardins et une architecture qui annoncent la splendeur de Versailles. L'été, on peut visiter le domaine à la lueur de deux mille chandelles, en écoutant de la musique de compositeurs du XVIIe siècle. La magie qui s'empare des lieux a pour but de restituer l'atmosphère de la fameuse fête du 17 août 1661.

CHATEAU DE VAUX-LE-VICOMTE. chateau@vaux-le-vicomte.com
Tél : 01 64 14 41 90. Ouvert tous les jours, de 10 h à 18 h, avec fermeture de 13 h à 14 h en semaine du 31 mars au 11 novembre. Visites aux chandelles tous les samedis (sauf le 14 juillet) du 12 mai au 13 octobre, de 20 h à minuit. Jeux d'eau de fin mars à fin octobre, les deuxièmes et derniers samedis de chaque mois, de 15 h à 18 h.

Villiers-sur-Morin

VERCORS : 31 bis, rue du Touarte, propriété privée.

Vulaines-sur-Seine

STÉPHANE MALLARMÉ : Pont de Valvins, 4, quai Stéphane-Mallarmé, Vulaines.

Restée la propriété des héritiers jusqu'en 1985, année où elle a été achetée par le département avec son mobilier et sa bibliothèque, cette demeure est aujourd'hui le musée départemental Stéphane-Mallarmé, et la sauvegarde de ce lieu permet d'approcher le poète dans son intimité. Les mallarméens seront émus de découvrir le jardin où Mallarmé tous les matins, sécateur à la main, allait faire la toilette des fleurs avant la sienne, les rives de la Seine d'où le poète, épris de navigation fluviale, s'embarquait pour de longues rêveries sur le fleuve. Et dans la maison, la pendule de Saxe qui lui inspira le poème *Frisson d'hiver*, le cabinet japonais et la fameuse table des mardis de la rue de Rome.

MUSÉE DÉPARTEMENTAL STÉPHANE-MALLARMÉ. mallarme@cg77.fr Tél : 01 64 23 73 27, fax : 01 64 23 78 30. Ouvert tous les jours sauf lundi, de 10 h à 12 h et de 14 h à 18 h.

Table des biographes

Luce ABÉLÈS, chargée de littérature au musée d'Orsay, a organisé dans ce cadre de nombreuses expositions-dossiers ayant pour fil directeur les liens entre littérature et arts plastiques. De « La vie de bohème » (1986) à « La dame aux éventails : Nina de Callias, modèle de Manet » (2000), elle s'est particulièrement intéressée aux petits maîtres, oubliés et dédaignés, qui œuvrent dans les marges de la grande littérature.

Georges ASSELINEAU, vice-président des Amis de Bossuet, est conservateur de la Bibliothèque diocésaine de Meaux.

Christian de BARTILLAT, écrivain, a été directeur des éditions Fayard et président des éditions Stock. Auteur notamment d'entretiens avec Henry Miller, *Flash Back* (Stock, 1976), d'une biographie de *Clara Malraux* (Perrin, 1985, prix Bordin de l'Académie française), et de plusieurs ouvrages sur la Seine-et-Marne : *La Brie qui pense, histoire des écrivains de Seine-et-Marne* (Les Presses du village, 2001), *Deux amis, Beckett et Hayden* (Les Presses du village, 2001).

Jean BLOT, né à Moscou, vit en France et en Angleterre. Docteur en droit et en lettres, il a été pendant longtemps haut fonctionnaire à l'Onu et à l'Unesco. Auteur de nombreux romans et livres de voyage (Gallimard, Albin Michel), il a reçu plusieurs prix littéraires. Son œuvre a été traduite en cinq langues et il est vice-président international du Pen Club.

François CROUZET, filleul de Fernand Gregh, poète et journaliste, fut rédacteur en chef à *France-soir* et au *Figaro*, et critique littéraire. Il est l'auteur de *Nostradamus, poète français* et de *Contre René Char*. Sa femme, Claude Crouzet, est journaliste à *Elle* et à *Paris Presse*.

Michel DÉCAUDIN, professeur émérite à la Sorbonne. Spécialiste de la poésie française, il a consacré plusieurs ouvrages à Rimbaud, Mallarmé, Jules Laforgue, Saint-Pol Roux, et à Guillaume Apollinaire, dont il a publié les œuvres dans la Bibliothèque de la pléiade. Il est l'auteur d'une *Anthologie de la poésie française au XXe siècle*.

Alain DUGRAND, romancier. Avec Anne Vallaeys il a publié les trois volumes d'un best-seller, *Les Barcelonnettes* (J.-C. Lattès). Lauréat des prix Roger-Nimier, Paul-Léautaud et Louis-Guilloux. Il a publié, au printemps 2001, *Rhum-limonade* (Fayard).

Jérôme GARCIN, écrivain, journaliste, critique littéraire, est directeur de l'émission de France Inter *le Masque et la Plume*.

Pierre GARNIER, né à Amiens en 1928. Fondateur, dans les années 1960, avec sa femme Ilse, de la « poésie spatiale », il est l'auteur de nombreux livres de poèmes, linéaires et spatiaux, d'essais et de traductions.

Mireille GÉRARD, ancienne élève de l'École normale supérieure, agrégée, a consacré plusieurs études à Mme de Sévigné et à La Fontaine.

Jean-Eudes GIROT, maître de conférence de littérature française à l'université de Valenciennes, a publié un ouvrage sur la fortune de Pindare au XVIe siècle, et des articles sur Rabelais et Ronsard.

James KNOWLSON, professeur émérite à l'université de Reading, en Angleterre, a créé les archives Beckett. Il est le fondateur de la Beckett International Foundation et l'auteur de la biographie autorisée de Beckett, *Beckett*, Paris, Actes Sud / Solin, 1999.

Francis LACASSIN, président des Amis de Pierre Mac Orlan. Fondateur des *Cahiers Pierre Mac Orlan*, en 1990. Prix Pierre-Mac-Orlan en 1979. Responsable de la publication de l'œuvre de Pierre Mac Orlan, en particulier chez Gallimard, et en collection « Folio ». Écrivain et scénariste, il est l'auteur de nombreux ouvrages, et conseiller littéraire des collections « 10/18 » (1971-1990) et « Bouquins » (1982-2000).

Claudine LACOSTE, professeur émérite à l'université Paul-Valéry de Montpellier. Présidente de la société Théophile-Gautier, créée en 1978, responsable de la publication annuelle du *Bulletin de la société Théophile-Gautier*, elle est l'éditrice de la correspondance générale de Théophile Gautier (12 volumes parus de 1985 à 2000, chez Droz, Genève).

Yves LEROUX, écrivain, sous le pseudonyme d'Yves Frontenac, a coorganisé, en qualité de chercheur attaché à la faculté des lettres d'Angers, le colloque international « Vercors » (mai 1995, Actes publiés aux éditions L'Harmattan) et le colloque « André Dhôtel » (décembre 1996, Actes publiés aux Presses universitaires d'Angers en 1998).

Anne MARZIN est conservateur du Patrimoine écrit, pour la Ville de Provins.

Dominique NOGUEZ, écrivain (*les Derniers Jours du monde, les Martagons*), prix Femina 1997 pour *Amour noir*, est normalien, universitaire et critique (*Éloge du cinéma expérimental, l'Arc-en-ciel des humours, Duras Marguerite*), le mélange donnant quelques œuvres de critique-fiction (*les Trois Rimbaud, Lénine dada*). Il a consacré plusieurs articles à Michel Houellebecq, notamment dans la revue l'*Atelier du roman* (n°s 18, 19 et 20).

René PEYREFITTE, frère aîné d'Alain, ancien élève de l'École normale supérieure, agrégé de lettres, est ancien professeur de première supérieure au lycée Henri IV.

Jean-Luc STEINMETZ, poète, essayiste, professeur à l'université de Nantes, est l'auteur de la biographie *Stéphane Mallarmé, l'absolu au jour le jour* (Fayard, 1998), prix Henri-Mondor de l'Académie française, prix Pierre-Georges-Castex de l'Institut. Derniers livres publiés : *la Ligne du ciel*, poésies (Le Castor astral, 2000), *les Réseaux poétiques*, essais (José Corti, 2001), *Pétrus Borel, vocation poète maudit* (Fayard, 2002).

Jean-Claude YON, ancien élève de l'École normale, agrégé d'histoire et docteur de l'université Paris I Panthéon-Sorbonne. Maître de conférences à l'université de Versailles-Saint-Quentin-en-Yvelines et directeur du service culturel de cette université, il est aussi chargé de mission au musée d'Orsay. Il a publié récemment *Eugène Scribe, la fortune et la liberté* (Nizet, 2000), et *Jacques Offenbach* (Gallimard, 2000), ouvrage couronné par l'Académie des beaux-arts et l'académie Charles-Cros.

Références et crédits textes

Jacques AMYOT (1513-1593), extrait du *Projet d'éloquence royale,* Paris, Belles Lettres, 1992.

Marcel ARLAND (1899-1986), *Proche du silence,* © Gallimard,1973.

Christian de BARTILLAT (né en 1931), *les Flammes de la Saint Jean,* © Les Presses du village, 2001.

André BILLY (1882-1971), *les Beaux Jours de Barbizon,* © Les Presses du village, 1985.

Jacques Bénigne BOSSUET (1627-1704), *Correspondance.*

Théophile GAUTIER (1811-1872), *Mademoiselle de Maupin,* Flammarion, 1966

Fernand GREGH (1873-1960), *les Clartés humaines,* 1904.

Éric HOLDER (né en 1960), *la Belle Jardinière,* © Le Dilettante, 1994

Michel HOUELLEBECQ (né en 1958), *les Particules élémentaires,* © Flammarion, 1998

Jean de LA FONTAINE (1621-1695), *Lettre à M. de Maucroix relatant la fête de Vaux.*

Armand LANOUX (1913-1983), *le Pont de la Folie,* Les Presses du village, 2001.

MAC ORLAN (Pierre Dumarchey, dit) (1882-1970), « Chroniques de la plaine et de la lisière des bois », in *les Cahiers Pierre Mac Orlan,* n° 9, Prima Linea, 1995.

Stéphane MALLARMÉ (1842-1898), « le Nénuphar blanc », in *Œuvres complètes,* Gallimard, « Bibliothèque de la pléiade », 1945.

Oscar Vladislas de LUBICZ-MILOSZ (1877-1939), *Lettres,* Association les Amis de Milosz. (et *Souvenirs* de Mme de Tinan).

Henri MURGER (1822-1861), *Adeline Protat,* Slatkine, 1971.

Jean PERRIN (né en 1910), *la Colline d'ivoire,* Renée Lacoste & Cie, 1950.

Alain PEYREFITTE (1907–2000), *le Mal français,* © Plon, 1976.

Eugène SCRIBE (1791-1861), *la Maîtresse anonyme* (nouvelle parue dans *le Constitutionnel,* juin et juillet 1838).

THIBAULT DE CHAMPAGNE (1201-1253), « Débats, pastourelle », in *Recueil de chansons,* Klincksieck, 1991.

Anne VALLAYES (née en 1951), *Fontainebleau, la forêt des passions,* © Stock, 2000.

VERCORS (Jean Bruller, dit) (1902-1991), *Portrait d'une amitié,* © Éditions de Minuit, 1946.

Références et crédits photos

Pages 11, 198, 201, 204 : photos Archives du *Figaro*

Page 14 : photothèque des Musées de la Ville de Paris, photo Lifermann

Page 15 : © bibliothèque de l'Institut de France, photo Martine Beck

Page 16 : © musée départemental Stéphane-Mallarmé, photo Paul Nadar

Page 18 : © Sophie Rassouls/SYGMA

Pages 23, 26, 58, 60, 67, 78, 94, 102, 105, 108, 115, 118, 132, 136, 139, 178, 182, 184, 185, 187, 188, 190, 193, 196, 211, 225 : collections particulières

Pages 28, 38 : collection Les Amis de Seine-Port

Page 32 : © Hutin, collection du musée du Second Empire, Compiègne

Page 37 : © Hutin, collection du musée du Second Empire, Compiègne

Page 40 : © musée des Pays de Seine-et-Marne, photo Gilles Puech

Pages 43, 44 : © musée des Pays de Seine-et-Marne

Pages 47, 48 : dessins de Flip

Pages 50, 53 : DR

Pages 52, 54 : photos Paule Savane

Pages 70, 77 : collection Georges Asselineau

Page 81 : photo Pierre Ferbos

Pages 84, 127 : © Les Presses du Village

Page 88 : photo Jacques Paget

Page 96 : photo Claude Magelhaes

Page 112 : © bibliothèque de l'Institut de France

Pages 144, 146, 147, 149, 150 : © Vaux-le-Vicomte, photo Georges Fessy

Pages 156, 160, 163 : © bibliothèque municipale de Melun

Pages 164, 169, 170, 175 : musée départemental Stéphane-Mallarmé

Page 206 : © Bibliothèque nationale de Paris, photo Félix Nadar.

Pages 215 : © Photo Étienne Carjat, Bibliothèque nationale de Paris, cabinet des Estampes.

Page 218 : éditions Stock, photo John Foley

Page 226 : © Guy Vallaeys

Page 230 : © éditions Gallimard, photo Étienne Hubert

Quelques sites internet

- **www.terresdecrivains.com** décrit les lieux de la France littéraire, des plus insolites aux plus prestigieux.
- **www.litterature-lieux.com** est le site de la Fédération des maisons d'écrivain et des patrimoines littéraires.
- **www.amis-auteurs-nicaise.gallimard.fr/** est le guide des associations d'amis d'auteurs.
- **www.normandienet.tm.fr/nn/ecrivain/page1.htm** est le site de la Route historique des maisons d'écrivain en Île-de-France et Normandie.
- Retrouvez l'ensemble des titres des éditions Alexandrines sur **www.alexandrines.fr**.

Remerciements

Nous remercions pour leur collaboration
Luce Abélès, chargée de littérature au musée d'Orsay ;
Monique Brens-Achkar ; Évelyne Baron,
conservateur du musée des Pays de Seine-et-Marne ;
Daniel Buisson, auteur ; Flip, dessinateur ;
Jean-Pierre Gauquelin, historien ;
Yves Gagneux, conservateur de la Maison de Balzac à Paris ;
Claudine Lacoste, présidente de la Société Théophile Gautier ;
Francine Le Petit, musée municipal de Melun ;
Marie-Anne Sarda,
conservateur du musée départemental Stéphane-Mallarmé ;
André Sylvaire, les Amis de Milosz ;
Paule Savane, Association pour la sauvegarde d'Ussy-sur-Marne ;
Patrice de Vogüe, château de Vaux-le-Vicomte ;
Jean-Claude Yon, chargé de mission au musée d'Orsay ;
Madeleine Bilhoudet, les amis de Seine-Port.

Nos remerciements s'adressent aussi
à Claude et Kléber Crouzet,
Roger Karampournis, Yves Leroux,
Jean Perrin et René Peyrefitte,
pour nous avoir ouvert leur maison
et leurs archives personnelles.

Achevé d'imprimer au premier trimestre 2002
sur les presses de l'imprimerie SAGIM à Courtry (77)
Dépôt légal : Mars 2002
N° d'impression : 5750
ISBN 2-912319-27-7